二战风云
震撼博览

史诗巨著
全彩呈现

亚欧硝烟

第二次世界大战的爆发

胡元斌 严 锴 主编

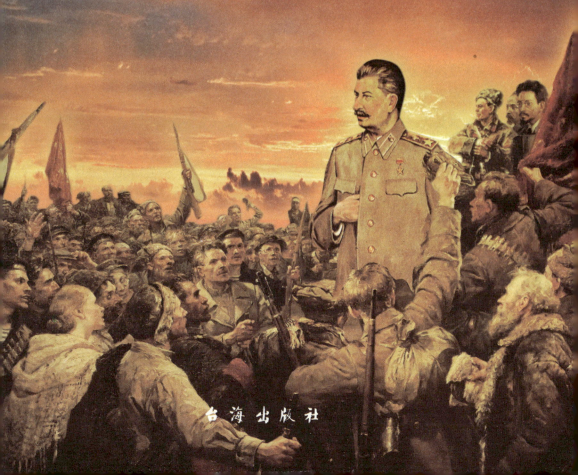

台海出版社

前言 PREFACE

　　1937年7月7日，驻华日军在卢沟桥悍然向中国守军开炮射击，炮轰宛平城，制造了震惊中外的"七七事变"，中国的抗日战争全面爆发。1939年9月1日，德国入侵波兰，第二次世界大战正式开始。1945年9月2日，日本签署投降书，第二次世界大战宣告结束。

　　这是人类社会有史以来规模最大、伤亡最惨重、造成破坏最大的全球性战争，也是关系人类命运的大决战。这场由德、意、日法西斯国家的纳粹分子发动的战争席卷全球，世界当时人口总数的80%的20亿人口受到波及。这次世界大战把全人类分成了两方，由美国、苏联、中国、英国、法国等国组成的反法西斯同盟国与由德国、日本、意大利等国组成的法西斯轴心国，进行对垒决战。全世界的人民被拖进了战争的深渊，迄今为止这是人类文明史上绝无仅有的浩劫和灾难。

　　在这场大战中，交战双方投入的兵力和武器之多、战场波及范围之广、作战样式之新、造成的损失之大、产生的影响之深远都是前所未有的，创造了许多个历史之最。

　　第二次世界大战的胜利具有伟大的历史意义。我们历史地、辩证地看待这段人类惨痛历史，可以说，第二次世界大战的爆发给人类造成了巨大灾

难，使人类文明惨遭浩劫，但同时，第二次世界大战的胜利，也开创了人类历史的新纪元，给战后世界带来了广泛而深远的影响。促进了世界进入力量制衡的相对和平时期；促进了一些殖民地国家的民族解放；促进了许多社会主义国家的诞生；促进了资本主义国家的经济、政治和社会改革；促进了世界科学技术的进步；促进了军事科技和理论的进步；促进了人类认识史上的一场伟大革命；促进了世界人民对和平的深刻认识。

第二次世界大战的胜利也是世界人民反法西斯战争的胜利，成为20世纪人类历史的一个重大转折，它结束了一个战争和动荡的旧时期，迎来了一个和平与发展的新阶段。我们回首历史，不应忘记战争给我们带来的破坏和灾难，以及世界各个国家和人民为胜利所付出的沉重代价。我们应当认真吸取这次大战的历史经验教训，为防止新的世界大战发生，维护世界持久和平，不断推动人类社会进步而英勇奋斗。

这就是我们编撰《第二次世界大战纵横录》的初衷。该书综合国内外的最新研究成果和最新解密资料，在有关部门和专家的指导下，以第二次世界大战的历史进程为线索，贯穿了第二次世界大战的主要历史时期、主要战场战役和主要军政人物，全景式展现了第二次世界大战的恢宏画卷。

该书主要包括战史、战场、战役、战将和战事等内容，时空纵横，气势磅礴，史事详尽，图文并茂，具有较强的历史性、资料性、权威性和真实性，非常有阅读和收藏价值。

亚欧硝烟

目录 CONTENTS

第二次世界大战的爆发

亚欧硝烟

第二次世界大战的爆发

二战爆发前的世界格局

　　第一次世界大战后，协约国同德国签订的《凡尔赛和约》，使欧洲和中东政治格局发生了很大变化。此后华盛顿体系调整了帝国主义在东亚和太平洋地区的利益冲突，但只是暂时缓和了列强间的矛盾，无法消除根本的利害冲突。在20世纪30年代大危机的冲击下，德、日建立法西斯专政，形成欧亚战争策源地，凡尔赛—华盛顿体系瓦解。

国际裁军会议
不欢而散

　　1932年2月2日，有60多国代表参加的国际裁军会议在日内瓦和平宫国联大厦开幕。

　　参加这次会议的国家除国联成员国54个外，另有美国、苏联、土耳其、埃及、墨西哥、巴西、阿富汗、厄瓜多尔、哥斯达黎加等国的代表。

　　早在1919年6月28日《凡尔赛和约》签订时，协约国曾向德国许诺，一旦德国解除武装，协约国也将实行普遍裁军，但它们又强调"国家安全"是任何裁军的绝对前提。

　　国联盟约第八条曾规定："联盟成员国承允为维持和平起见，必须缩减本国军备至适足保卫国家安全及共同履行国际义务的最少限度。"

　　1925年12月，国联作出成立裁军会议筹委会的决定，准备召开裁军会议并邀请苏联和美国参加。两大国出于自身的安全和义务考虑，均来到了日内瓦。

　　会议主席由英国前外交大臣阿·亨德森担任。会上，各国提出一系列裁军方案，旨在加强自己而削弱他国军事实力。

　　法国提出建立一支国际警察部队，并将各国的轰炸机部队、远程炮兵、万吨级以上战列舰和大型潜艇交给国联掌握，企图借英法操纵的国联建立欧洲霸权；同时主张裁减战列舰和巡洋舰，以限制英美。

　　英国提出削减战舰吨位和火炮口径，以反对美国的海军扩军计划，并为遏制法国和日本大力发展潜艇对其构成的威胁而主张取消潜艇；同时鼓吹废除征兵制，以削弱法陆军实力。

美国提出"胡佛裁军计划"，强调在质量上裁军，要求各国裁减陆军，销毁坦克、移动式重炮和毒气武器，但反对削减战舰吨位。

德国主张各国都应把军备裁减至与其同样的水平，并坚决要求与其他各国军备取得平等地位。

日本强调它在太平洋的特殊地位，要求修改1922年的《限制海军军备条约》和1930年的《限制和裁减海军军备国际条约》。

苏联提出把全面裁军的原则作为裁军工作的基础，并提出一个部分裁军方案，要求完全销毁杀伤性最大的武器装备，如坦克、超远程火炮、万吨级以上军舰、航空母舰、重型轰炸机及化学、细菌武器等。

由于西方大国尤其是德法两国的尖锐对立，使会议陷入了激烈对峙争论的状态。第一阶段会议经过5个月的争论，只通过一项没有实际裁军内容的决议案。

《凡尔赛和约》的主要签订者

　　直至1932年12月11日，英、美、法、德、意五国才达成协议，承认德国将"在各国同样安全体系范围内享有平等权利"。

　　1933年2月，法国的新方案因遭英、德、意等国反对而被否决。与此同时，苏联鉴于希特勒上台、法西斯侵略威胁增长，提出关于侵略定义的提案。安全委员会经过激烈争论后，同意苏联提案的基本思想，但未提交全体会议通过。

　　3月16日，英国代表麦克唐纳提出一项裁军公约草案，规定在5年之内，让德国获得与法、意、波等国同等的兵额，并要求成立一个常设裁军委员会，以监督公约的实施情况。法国表面上接受这项关于给予德国军备平等原则的草案，但要求将5年期限延长为8年。

　　6月，裁军会议接受以英方计划作为未来裁军协定的基础。

　　10月14日，德国致电裁军会议，宣布由于"拥有庞大武装的国家"既不裁军，又不满足德国军备平等的要求而退出裁军会议。

　　10月19日，德国退出了国际联盟。

　　12月18日，德国提出只有允许德国征兵30万，允许其拥有《凡尔赛和约》所禁止的各种武器，萨尔立即归还德国等，才能恢复参加裁军谈判。

　　1934年1月1日，法国拒绝了德国的条件。苏联曾提出将日内瓦裁军会议变成经常性的、定期召开的和平会议。会议决定将苏联的提议提交各国政府研究，后来却不了了之。

　　1934年6月11日，国际裁军会议不欢而散。

　　国联裁军会议前后持续两年之久，开会900多次，除通过一些内容空泛、无关紧要的决议和提案外，未取得实质性成果。相反，在裁军会议期间及会后，帝国主义列强进行了大规模的扩军备战。

英国政府实行绥靖政策

1929年至1933年，世界经济危机使英国的经济受到打击。从1932年中期起，英国经济开始缓慢回升。

在20世纪30年代，英国的经济实力落后于美国和德国。这极大地影响了英国当时的政治、外交与军事政策，束缚了其军备的发展。

和平主义是一种资产阶级自由主义的政治思潮。英国的和平主义运动产生于第一次世界大战。

第一次世界大战的空前浩劫和战后的经济衰退，使和平主义运动在20世纪20年代得到进一步发展，在20世纪30年代达到高潮。这种形势大大增强了英国公众的恐战情绪，推动了和平主义运动的高涨。

1935年3月，纳粹德国公布了重整军备宣言，公开走上了扩军备战的道路。但在英国，和平主义者却举行了一场全民和平投票。

这场英国历史上规模最大的和平主义运动，是由国际联盟协会、新联邦社等和平主义团体发起，并得到工党和自由党的和平主义议员支持的。全国共有1150万人在50万志愿工作者的协助下参加了和平投票。

他们提出了全面裁军和废除航空部队的主张，还要求用非军事性的经济制裁方法来阻止战争的爆发。以此为标志，英国的和平主义运动达到高潮。

20世纪30年代中期，英国和平主义运动规模之大、参加人数之多和影响之广泛，都是前所未有的。它有力地制约了英国政府和有影响的政治家的行动，成为英国政治生活中一支不可低估的力量，对英国的内政、外交产生了重大影响。

1935年3月，纳粹德国开始重整军备

1935年，英国军方根据日益恶化的国际形势，提出有限的重整军备计划。此时已担任国民内阁首相的保守党领袖鲍德温告诉英国选民们："我向你们保证，不会有任何大规模的军备。"

避战求和一时成为英国举国上下的行动准则。可以说，和平主义运动是英国绥靖主义的温床，对英国绥靖政策的形成和发展起了重要的作用。

第一次世界大战以后，英国从军事卷入政策退回到传统的欧洲均势政策，致力于建立一个基于英法德相互信任与合作的稳定的安全局面。

20世纪20年代，法国联合东欧国家，压制德国，与英国传统的均势政策发生矛盾。于是，英国便推行扶德抑法的政策，企图削弱法国及其盟国的地位，以保证自己在欧洲大陆的仲裁国地位。

1933年3月，英国在日内瓦裁军会议上抛出"麦克唐纳计划"，其目的在于用裁减法国陆军来安抚叫嚷"军备平等"的希特勒。德国退出裁军会议和国联后，英国继续压迫法国做出让步，以便使德国重返裁军会议和国联，也就是让德国在英国可以控制的范围内扩军。

在20世纪30年代欧洲与世界局势不断恶化的情况下，尽管英国统治集团逐步意识到了法西斯国家的威胁，但其对外政策却并没有实行全面调整，直至大战在西方爆发，对法西斯国家的战争威胁都未做出有力的反应。

1935年3月，英国对德国公开宣布重整军备，不但没有采取任何抗议行动，反而于1935年6月与德国签署了《英德海军协定》。消息传出，举世震动。

《英德海军协定》的要点是，德国海军实力与英联邦成员国海军总数实力的固定比例为35：100。但是另一项协定规定，德国的潜水艇可占英国全部潜水艇的45％，在危急情况下，此限度可提高至100％。从而使希特勒打破了《凡尔赛和约》的束缚，开始放手扩军备战。这是英国在绥靖德国的道路上迈出的重要一步。

同年12月，意大利入侵阿比西尼亚，英国担心失去意大利这个盟友，而不敢对其采取有力的制裁措施。随着法西斯国家的不断扩张，英国维持欧

英国议会大厦

陆"均势"的政策失去了现实基础,绥靖政策便逐渐成了英国外交的主要内容。

1937年5月,张伯伦任英国首相后,即向议会宣称,本政府的政策是"对全世界实行绥靖政策"。

早在1937年3月,张伯伦在出任首相前不久给美国财政部的信中称:"德国决心使它自己强大得没有人敢于抗拒它所提出的无论是对欧洲的还是对殖民地的领土要求,既然它存心如此,就不大可能同意有损于其既定目标的任何裁军计划。"

只有在德国相信它的努力将遭到优势兵力的抵制时才能有所收敛。尽管如此,张伯伦政府仍坚信,在国家利益没有受到危害的情况下,和平解决争端比诉诸战争对英国更有利。

为了达到避战的目的,张伯伦政府认为,有必要通过和平谈判全面解决欧洲问题。

这成为张伯伦政府对外政策的核心,其主要内容包括:

承认第一次世界大战后划分的欧洲边界的不合理,满足希特勒"统一德意志民族"的要求,以求得欧洲政治问题的解决;在欧洲"政治解决"达成协议的情况下,"对德国提供经济上的援助",允许德国开发其出口潜力,从而在经济上消除德国对外扩张的理由。

基于上述设想,张伯伦上台后,开展了一系列相关的绥靖外交活动。

首先,在外交上加强与德国的联系。张伯伦一上台就邀请德国外长牛赖特访英,并于1937年11月派遣哈利法克斯出访德国,目的是对德国放风、摸底,"找到一项解决分歧的方案",达到"一个总的解决,那时,合理的抱怨可能消除,猜疑可能被束之高阁,信任可能重新恢复"。

访问结束后,张伯伦称,会谈充满相互信任,进一步加强了相互了解的

愿望。

为了实现对德绥靖的目标，也需要绥靖意大利。

1937年7月，张伯伦在给墨索里尼的私人信件中进一步确认了早在同年1月达成的《英意地中海协定》的原则。

1938年年初，他建议与意大利会谈，解决两国间的所有争论，并且不顾外交大臣艾登的反对，于4月16日缔结了《英意协定》，确认并划定两国在整个地中海和中东的权益，承认意大利对阿比西尼亚的占领，以此换取墨索里尼在"总解决"中的默契与回报。

根据张伯伦欧洲问题全面解决的设想，远东问题同欧洲相比居于次要地位。

1937年，日本在发动全面侵华战争以后，张伯伦在日记中写道：

> 在当前欧洲有两个脾气暴烈的独裁者的情况下，我们简直经不起再同日本进行争吵了。

因此，当日本不断扩大侵略的时候，英国远东政策的绥靖色彩比以往任何时候都更强烈。

张伯伦深感，要实现欧洲问题的全面解决，单靠英国是不行的。鉴于法国在欧洲格局中的重要地位，张伯伦于1937年11月访问法国，对其施加外交压力，要求法国与其协调行动。这对此时已将同英国保持一致作为外交基点的法国在绥靖道路上越走越远起了很大作用。

为了与希特勒达成欧洲问题的全面解决，张伯伦不惜以牺牲中小国家为代价，只要希特勒同意"按和平演进方式实现变更"，就满足其侵略扩张的要求。正是在这种思想指导下，张伯伦在绥靖道路上越走越远。

1938年3月，德国吞并奥地利后，张伯伦认为这是"不可能避免的"。接着，希特勒又把侵略矛头指向捷克苏台德区。张伯伦将此看做是通向欧洲问题总解决的可能入口。

当捷克危机加剧时，张伯伦乘飞机三赴德国与希特勒谈判，并一再做出让步，最后上演了慕尼黑丑剧，把英国的绥靖主义推到了顶峰。

在20世纪30年代，英国的绥靖活动还表现在对西班牙的态度上。

西班牙内战爆发，英、法两国政府实行不干涉政策。而德国和意大利法西斯则对西班牙共和国进行公开的武装干涉，不仅给西班牙叛军送去大批金钱和武器弹药，派军舰封锁西班牙海岸，而且派出几十万正规部队，直接侵入西班牙，使地中海的局势顿时紧张起来。

在这种情况下，为了结束地中海危险的状态，英国和意大利两国政府于1937年1月签订了《英意地中海协定》。协定双方保证维持地中海的现状，相互尊重对方在地中海的利益和权利，并共同维护西班牙的独立和领土完整。但是，这个协定的缔结对地中海的局势没有产生什么具体影响，对意大利的侵略扩张和对西班牙的武装干涉也没有起到任何限制作用。

在英国下院里"叛国""耻辱"的呼声中，英国首相张伯伦1939年2月27日宣布承认西班牙的佛朗哥政权。法国总统勒布伦也采取了类似的步骤，但他却得到法国内阁成员的一致支持。

人们认为承认是不可避免的，但是许多人特别是英国畅所欲言的在野党人士对佛朗哥的"建立一个自由的西班牙"的含糊保证并不信任，同时还对仍留驻在西班牙的德国和意大利的军队表示关注。

美国奉行
孤立主义外交

经济危机自1929年开始至1933年春，已使美国的经济下降到了近年来的最低点，人们对未来、对美国社会丧失了希望和信心。这时的白宫主人是柯立芝繁荣时期声名大震的前商业部长胡佛。胡佛政府一再预言危机即将过去，而现实是危机一步步加深。

胡佛是"自由企业"的拥护者，一贯反对政府对企业的干预，但在危机日益加深的压力下也开始动用国家机器"干预"经济了。他照搬繁荣时期所谓"自上而下"的老套路，采取优先资助大公司、大银行、大农场主，紧急援救那些处于社会金字塔顶层的富豪等措施来对付危机。

结果，在生产过剩、产销严重脱节的情况下，这种措施救活的大企业不多，而破产的小企业和小土地所有者却大量增加，排队等候慈善机构发放面包的失业者队伍越来越长。政治上的动荡也加剧了，1929年至1932年，大约共发生2700次罢工。

1933年这一年就有117万工人罢工，在全美国都能听到饥民们示威游行的脚步声。

在俄克拉荷马州的明尼阿波利斯市和圣保罗市，成群的人闯进食品杂货店和肉类市场，把货架上的东西一抢而光。伊利诺伊州的林肯市有4000人占领了州议会大厦；华盛顿州的西雅图市有5000人占据了10层高的市府大楼；芝加哥市有5000名忍无可忍的教师闯进了市区银行；俄亥俄州的失业者向哥伦布市议会大楼进军，喊出了"建立工农共和国"的口号。

1932年9月，美国退伍军人团通过一项决议，宣布"现在所用的政治手段

已不能迅速有效地对付经济危机了"。

在佐治亚州的亚特兰大市率先出现了极右组织"美国法西斯协会和黑衣社"。接着在一些地方先出现了极右组织"美国法西斯协会和黑衣社"。接着在一些地方又出现了银衣社、白衣社、褐衣社、民兵团、美国民族主义党等法西斯团体。他们残杀进步工人、农民和黑人，给经济萧条的美国带来进一步的混乱。正是在这种混乱的背景下，美国开始了第三十二任总统竞选活动。共和党仍推胡佛作为总统候选人，民主党则推出了富兰克林·罗斯福。

从1932年7月2日始，罗斯福公开以"新政"作为竞选纲领，指责胡佛"粗暴的个人主义政策"，抨击金融巨头，表示要为"那些在经济金字塔底层被遗忘的人们"谋求好处。并强调国家对经济的管理，表示要用国家行政和经济力量，整顿经济混乱状况，扩大就业机会，增加社会消费资金，克服经济危机。

在全国经济濒于崩溃，社会矛盾激化，资产阶级民主政治岌岌可危的严峻形势下，罗斯福的纲领得到广泛的支持，加上他本人的组织才能和演讲才能，终于在竞选中以绝对优势击败胡佛，于1932年11月8日当选为美国第三十二任总统。1933年3月4日，罗斯福在白宫前面的草坪上宣誓就职。

1933年3月5日，罗斯福下令禁止囤积黄金，违者重罚，由此拉开了"新政"的序幕。"新政"分为两个阶段：1933年至1934年是第一阶段，重点在复兴救济；1935年至1939年是第二阶段，重点在改革，即全面地推行自由主义政策。罗斯福在推行国家干预经济的"新政"方面，提出了有名的复兴、救济、改革计划，对经济、社会进行强有力的政府干预和调节。

从1933年3月初罗斯福上台，至1939年共6年的新政期间，美国政府和国会总共颁发了700多个法令，这些法令几乎涉及了美国社会经济生活的各个方面。有人统计，在罗斯福新政任内有关美国生活、社会和各种问题的演讲，比以前历届美国总统的有关的演讲加在一起还要多。

"新政"的实施使美国迅速恢复了经济实力，从而使其能在第二次世界大战期间发挥"民主国家兵工厂"的作用，为同盟国的最后胜利提供了坚强

的物质后盾。

　　罗斯福在大刀阔斧实施"新政"的同时，尽其所能推行国际主义外交路线。但是，由于国际环境进一步恶化，他要使美国参与国际社会的种种努力归于失败。

　　首先是日内瓦裁军会议的流产，随后是罗斯福加入国际法庭的提议被否决。罗斯福政府在内外交困的形势下，决定以内政为主走孤立主义外交之路。1935年年初，随着欧洲战争危机的加深和经济恐慌的缓解，越来越多的美国人开始倾向于持孤立主义的态度，他们认为，防止卷入欧洲战争的唯一办法，就是放弃一向标榜的航海自由。2月，意大利发出入侵阿比西尼亚的叫器。3月，德国废除了《凡尔赛和约》中限制其军备的条款，日本这时则在加紧侵略中国的华北。

　　面对此种情况，美国国会从3月就开始讨论各种不同的中立法案。多数人主张制订对所有交战国禁运武器、冻结货款和限制贸易的彻底中立法；主张

美国总统府白宫

集体安全体系的人则想制订一项授权总统酌情处理的中立法，以区别对待侵略者和被侵略者。经过3个月的辩论、争执，美国国会终于于8月24日通过了参议院外交委员会主席皮特曼提出了《中立法案》。

8月31日，罗斯福总统勉强签署了该法案。这个法案完全反映了孤立主义者的主张，它规定对所有交战国一律实施武器、弹药和军需品的禁运，但授权总统确定军需品名单和宣布实行禁运时间；禁止美国船只向交战国运输军火，旨在防止通过贸易渠道卷入战争或纠纷之中；法案还规定，如有必要，总统可宣布不保护乘坐交战国船只旅行的美国公民。

在新《中立法案》下，美国战略物资仍源源不断地运往意大利。1936年5月，阿比西尼亚沦亡后，美国撤销了"道义禁运"，宣布对意大利的占领不予承认。8月6日，西班牙驻美大使向美国国务院提出购买少量机枪弹药的请求，被美国政府婉言拒绝。8月11日，美国正式宣布对西班牙内战采取"不干涉"政策。9月30日，西班牙共和国政府发表白皮书，呼吁民主国家制止德意的武装干涉，援助西班牙共和国。美国政府仍坚持同英、法同步行动，奉行"不干涉"政策。1936年11月罗斯福再度当选总统后，要求国会采取行动，对西班牙冲突双方实行禁运。

法国政府
频繁更迭

　　20世纪30年代，法国经济的衰退对政治、外交和国防产生了深刻的影响。在经济危机和法西斯组织暴乱的打击下，法国政府频繁更迭。自1930年至1940年10年中，法国政府更换了24次。

　　法国政权机构的频繁更迭，"使当事者无法把连接的许多计划组成一个有机的整体，拟出成熟的决定和措施，把它贯彻执行，成为一个政策"。这对法国的内政、外交产生了致命的影响。

　　20世纪30年代初期，在经济危机的打击下，法国国内政局动荡，政治势力两极分化。一方面形形色色的右派法西斯组织纷纷出笼，准备武装夺取政权；另一方面共产党等进步力量也在团结人民群众，开展反法西斯斗争。

　　1934年7月27日，共产党和社会党在巴黎签订了关于同法西斯主义作斗争的《统一行动公约》，首先实现了工人阶级的统一。

　　法国与苏联就建立集体安全体系进行了接触与谈判。1933年12月28日，法国外交部长保罗·邦库尔和苏联驻法国全权代表多夫加列夫斯基举行会谈，达成了共识：为保卫和平，反对法西斯侵略，必须采取集体安全措施，并主张把反侵略的互助义务补充到1932年11月签订的《法苏互不侵犯条约》中去。

　　谈判期间，法国外长甚至对苏联全权代表宣称："你我双方开始了极关紧要的事业，你我双方今天开创了历史的新篇章。"然而，在这次会谈之后，法国政府并未采取具体的行动。

　　1934年2月上台的加斯东·杜梅尔格内阁的外交部长路易·巴尔图进一步

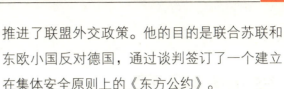

推进了联盟外交政策。他的目的是联合苏联和东欧小国反对德国，通过谈判签订了一个建立在集体安全原则上的《东方公约》。

签订这样一个公约，英国既怕加强苏联的战略地位，又怕会增加法国的国际威望，表示不愿参加。德国也明白缔结这样一个公约的后果，明确表示反对。这样，《东方公约》的设想未能最后实现。

1934年10月，巴尔图遇刺身亡。巴尔图的继任者皮埃尔·赖伐尔，口头上说要继承前任的外交政策，但事实上却开始扭转法国的外交方向，而把调整法德和法意关系放在了法国对外政策的首位。

1935年2月，赖伐尔同英国政府代表一起，向德国提出了包括"军备平等"和缔结《东方公约》的"全面解决"建议。这是法国开始走上绥靖道路的标志。

1937年3月，勃鲁姆政府宣布暂缓改革，并于6月辞职。此后政局再度动荡，内阁几度换届。

1938年4月，激进社会党人爱德华·达拉第组阁，对外推行绥靖政策，参与出卖捷克斯洛伐克。

10月4日议会讨论慕尼黑协定时，社会党弃权，共产党反对，达拉第宣布同人民阵线决裂，法国人民阵线运动遂告瓦解。

苏联倡导
"集体安全体系"

20世纪30年代，苏联工业以压倒一切的强大势头发展着，并不惜以牺牲或削弱国民经济其他群体的利益和实力为代价，再加上苏联工人空前高涨的建设热情，使得苏联工业创造了奇迹。

1926年至1938年的12年时间，苏联就完成了工业化，从农业国变成了一个工业国。但是过度地发展重工业，使得全国的轻、重工业发展失衡，农业和工业失衡，国民经济畸形发展，严重影响了人民生活水平的提高，也为许多问题埋下了隐患。

和工业化有些类似，苏联在农业发展上的口号是"建立社会主义的农业制度"，在广大农村推行社会主义的新农业制度，建立集体农庄。1927年12月，联共（布）第十六次代表大会上提出："在合作劳动的基础上，把个体小农经济联合起来，改造成为大规模的集体经济形式。"

但是，由于集体化过程中违反了自愿原则，出现了冒进和极端现象，发生了强行集体化农民住房、家禽、牲畜等私有财产，关闭农贸市场，禁止农副产品上市等现象，还出现了更严重的人道主义危机。直至1930年3月1日，联共（布）中央的《农业劳动组织合作示范章程》颁布后，这些现象才有所缓和。

苏联在物质方面虽然取得了重大成就，为苏联武装力量的壮大提供了必要的物质需求，但是，由于政治和外交上的不利，却葬送了工业发展上为苏军争取的重大优势。在军事上，由于法西斯主义甚嚣尘上，战争危机日益严重，苏联处于两大战争策源地东西夹击的威胁下，因此，他们对外交战略方

针和政策措施作了相应的调整。

　　他们为争取联合英、法、美等非侵略国家共同反对德、意、日法西斯的侵略，维护世界和平及苏联的国家安全，提出了建立国际反法西斯统一战线的思想，强调利用帝国主义矛盾，联合一切可以联合的力量，集中精力反对法西斯侵略势力。1933年12月12日，联共（布）中央通过了关于开展争取集体安全的决议，决议强调："为防止战争，保卫和平，苏联考虑参加国际联盟，并和广大的欧洲国家缔结区域性的共同防御侵略协定。"

　　为贯彻这一外交策略，当时任苏联外交人民委员的季维洛夫采取了一系列的措施，以建立欧洲的集体安全体系。经过一番努力，1933年10月，苏联与美国建交，在此前后还与西班牙、匈牙利、罗马尼亚、捷克斯洛伐克、保加利亚、阿尔巴尼亚、比利时、卢森堡等国建立了外交关系。1933年7月，苏联同爱沙尼亚、拉脱维亚、波兰、罗马尼亚、土耳其等邻国签订了互不侵犯

苏联工农联盟（雕塑）

条约。

　　1934年9月18日，苏联加入国联并任理事会常任理事国，这样苏联可以利用国联这个论坛谴责法西斯国家的战争政策，敦促国联采取行动遏制法西斯的侵略行为。

　　随着德国法西斯侵略矛头的步步进逼，法国被迫接受苏联的建立欧洲集体安全体系的建议，于1935年5月2日与苏联签订《法苏互助条约》，随后苏联又与捷克斯洛伐克于5月16日签订《苏捷互助条约》。

　　苏法、苏捷条约的签订，加上已有的法捷条约，使德国在战略上处于东西南三面受钳制的不利态势。对此，苏联极为重视，把它看作是建立欧洲集体安全体系的奠基石。

　　1936年3月7日，德军开进莱茵非军事区，11月25日，德国与日本签订《反共产国际协定》。1937年10月，意大利加入反共产国际协定，三个法西斯勾结在一起了。1938年3月，德国吞并奥地利。

　　面对法西斯步步进逼的侵略扩张，苏联政府作出强烈的反应，一再建议各国，尤其是英、法等大国，应采取集体行动保卫世界和平。在捷克"五月危机"期间，苏联外交人民委员季维洛夫就明确表示，苏联将坚决履行《苏捷互助条约》的义务，保证同法捷盟国站在一起，抵抗德国的侵略扩张。但是由于英、法仍奉行绥靖政策，一再退让，对苏联的建议未作可否，致使法西斯国家的侵略活动越来越嚣张。

中国国共两党
携手合作

"九一八"事变、"一·二八"事变发生后，中国国民政府对日本的侵略一忍再忍，《淞沪停战协定》签订之后却发动了对红军的第四次"围剿"。在此期间，日军顺利地占领了热河，并向长城一带推进。国民党仍决定不调动"剿共"军队北上抗日。

在与日军签订《塘沽协定》后，蒋介石利用日本的停战时机，展开对红军的第五次"围剿"。

1933年年初，当日军越过长城，向冀东、察北大举进攻之时，中华苏维埃临时中央政府工农红军革命军事委员会，发表了愿在三个条件下与全国各军队共同抗日的著名宣言。这三个条件是：

一是立即停止进攻苏维埃区域；二是立即保证民众的民主权利，即集会、结社、言论、罢工、出版自由等；三是立即武装民众创立武装的义勇军，以保卫中国及争取中国的独立统一与领土的完整。

此文件一发表，立即在国内外引起强烈反响，亲蒋的著名科学家、政治家丁文江，以《假如我是蒋介石》为题发表文章，主张"与共产党商量休战，休战的唯一条件是抗日期内彼此互不相攻击"。

中国共产党根据此条件的精神，进行了建立抗日民族统一战线的尝试。1933年年初，派出大批共产党员与冯玉祥合作建立察哈尔抗日同盟军，初征

察东，一举收复宝昌、沽源、多伦三城，威震海内外。

当在福建"剿共"的第十九路军蒋光鼐、蔡廷锴派代表与红军谈判联合抗日反蒋时，中国共产党中央立即允诺，并于是年10月26日签订《反日反蒋的初步协定》。不久，福建事变爆发，打乱了蒋介石的"剿共"部署。

1933年10月26日，中国共产党中央又拟定了《中国人民对日作战的基本纲领》。此文件提出了著名的6项行动方针：

1.全体海陆空军总动员对日作战。

2.全体人民总动员。

3.全体人民总武装。

4.立刻设法解决抗日经费，如没收日本帝国主义在华的一切财产，没收一切卖国贼的财产，一切国库收入用作抗战经费，征收财产累进所得税，在国内外开展募捐，等等。

5.成立工农兵学商代表选举出来的全中国民族武装自卫委员，作为全国人民武装抗日的总领导机关。

6.国际上联合日本帝国主义的一切敌人以及同情中国抗战的国家和民族。

中国共产党中央通过各种形式，敦请宋庆龄、何香凝、李达、胡汉民、马相伯、章乃器等多位著名人士在文件上签名后，于1934年4月20日正式发表。此文件高举抗日旗帜，号召工农兵学商大联合，并建立武装抗日的总领导机关，得到全国各界的热烈拥护。

1934年9月下旬，驻守赣边境的国民党"剿匪"南路军司令陈济棠派代表到达瑞金，要求与中国共产党谈判联合反蒋。但是，由于此时中国共产党受王明"左"倾错误的影响，抗日民族统一战线的政策只是在酝酿之中，上述文件并未得到认真执行。

1935年7月，共产国际在莫斯科召开第七次代表大会。大会鉴于德、

意、日法西斯对世界和平的威胁，提出了建立世界反法西斯统一战线的战略和策略。据此，中国共产党驻共产国际代表团以中国共产党中央委员和中国苏维埃政府的名义发表了《为抗日救国告全体同胞书》，即著名的《八一宣言》。《八一宣言》比较完整地提出了建立抗日民族统一战线的策略，它的发表，是中国共产党策略路线转变过程中的一个重大事件。

1935年10月，中央红军长征胜利到达陕北后，立即着手解决抗日民族统一战线政策的问题，连续发出《中央为目前反日讨蒋的秘密指示信》《抗日救国宣言》《关于改变对富农策略的决定》等文件，并于1935年12月17日至25日，在瓦窑堡召开了中国共产党中央政治局会议。

会议通过了《关于目前政治形势与党的任务的决议》，分析了当时的国内外政治形势，指出由于日本帝国主义正准备吞并全中国，中国共产党应该执行建立最广泛抗日民族统一战线的政策，争取一切赞成抗日的力量。

抗日民族统一战线的最高形式是建立国防政府与抗日联军。决议认为，为了适应建立最广泛的抗日民族统一战线新形势，必须以"苏维埃人民共和国"的口号，代替过去的"苏维埃工农共和国"。

瓦窑堡会议结束后的第三天，毛泽东在中国共产党中央党校召开的会议上作了《论反对日本帝国主义的策略》的报告，精辟地论述了建立抗日民族统一战线的必要性和可能性，提出了对民族资产阶级既团结又斗争的基本政策，批判过去的关门主义是"孤家寡人""为渊驱鱼、为丛驱雀"的政策，"把'千千万万'和'浩浩荡荡'都赶到敌人那边去"。

毛泽东的报告和瓦窑堡会议决议，全面论述和规定了中国共产党在新的历史条件下建立抗日民族统一战线的一系列策略方针，为实行第二次国共合作奠定了理论基础，它标志着中国共产党抗日民族统一战线策略路线的确立。

1933年后，日本扩大了对中国的侵略，特别是1935年，制造华北事变，蚕食华北各省，使中国的民族危机进一步加深，中国的政治格局开始酝酿着重大的转变。

1936年6月，国民党广东实力派陈济棠和广西实力派李宗仁，不满蒋介石对日妥协政策，举起反蒋抗日旗帜，组织抗日救国军。6月1日，陈、李在广州召开国民党中央委员会西南执行部和西南政务委员会联席会议，决议电请国民政府立即抗日，并通电全国，呼吁"日入侵我愈亟……今已届生死关头，惟抵抗足以图存，除全国一致奋起与敌作殊死战外，则民族别无出路"。这一事件史称"两广事变"。虽然"两广事变"被蒋介石以武力威胁和分化利诱而消弭，但却表明国民党内部的进一步分化。

与此同时，日本在华北的扩张，也严重危及蒋介石集团的支持者英美在华北地区的经济利益，加深了日本与英美之间矛盾，英美对日态度开始转变。国民党内亲英美派和亲日派之间的对立日益明显，《何梅协定》和《秦土协定》签订后，国民党内引起轩然大波。在抗战派的努力下，1935年8月7日，国民政府监察院对行政院长兼外交部长汪精卫提出不信任案，迫使亲日派头子汪精卫下台。

抗日根据地延安

11月1日，在南京召开的国民党四届六中全会上汪精卫被刺伤。12月25日，国民政府外交部次长、亲日派唐有壬在上海遇刺身亡。其间，蒋介石取代汪精卫出任行政院长，各部部长也换了亲英美派的人，表明亲日派势力在国民党内地位的衰落。

在中华民族危机日益加深之际，中国共产党和全国人民抗日救亡运动的洪流势不可挡。这几种因素促成了国民政府对日政策开始发生转变，由妥协转向强硬。

1935年11月12日至23日，中国国民党第五次代表大会在南京举行。蒋介石在对外关系的报告中提出："和平未到完全绝望时期，决不放弃和平；牺牲未到最后关头，也不轻言牺牲。"

他虽仍对日妥协抱有幻想，但毕竟提出最后限度，"和平有和平之限度，牺牲有牺牲之决心"，若到了和平绝望的时期与牺牲的最后关头，则"听命党国，下最后之决心"，并"抱定最后牺牲之决心，而为和平最大之努力，期达奠定国家复兴民族之目的"。这较之以前的一味妥协退让，确实有了进步。国民党五大后，中日之间长期进行的外交谈判也出现了新动向。1936年1月21日，日本外相广田对他的"对华三原则"重新作了解释，并宣称中国政府已表示赞成。次日，中国外交部发表声明说："中国业已同意殊非事实。"

1936年3月中旬，外交部长张群就调整两国关系问题同日本驻华大使举行了4次会谈，明确提出，中日邦交调整要从东北问题谈起，使中国恢复领土完整。7月13日，蒋介石在国民党五届二中全会上，就对日交涉问题指出："中央对于外交所抱的最低限度就是保持领土主权的完整。任何国家要来分裂侵害我们的领土主权，我们绝对不能容忍。我们绝对不订立任何分裂侵害我们领土主权的条约，我们绝对不能容忍。我们绝对不订立任何侵害我们领土主权的协定，并绝对不容忍任何侵害我们领土主权的事实。""假若有人强迫我们签订承认伪国等损害领土主权的时候，就是我不能容忍的时候，就是我们最后牺牲的时候。""必出以最后牺牲之决心，绝无丝毫犹豫之余地。"

027

中国共产党时刻关注着国内政治格局的变化，考虑到国民党内外政策有所变化，但反共立场仍未放弃，要同国民党建立统一战线不经过斗争是不行的。因此，共产党自1936年开始，逐步将"抗日反蒋"改为"逼蒋抗日"，实行有条件的联蒋方针。

8月25日，中国共产党在《致中国国民党书》中，肯定了蒋介石在国民党五届二中全会上的讲话，宣布中国共产党坚决支持国民党抗日，"愿意同你们结成一个坚固的革命的统一战线"，并提议国共两党进行谈判。9月1日，中国共产党中央向党内发出《关于逼蒋抗日问题的指示》，强调指出："目前中国的主要敌人，是日帝，所以把日帝与蒋介石同等看待是错误的，'抗日反蒋'的口号，也是不适当的。""我们的总方针，应是逼蒋抗日。一方面继续揭破他们的每一退让、丧权辱国的言论与行动；另一方面要向他们提议与要求建立抗日的统一战线，订立抗日的协定。"

毛泽东起草的《关于国共两党抗日救国协定草案》，阐述了两党合作的必要性和任务、完成任务的步骤方法、两党合作的组织形式等，是当时中国共产党关于谈判的指导性、纲领性文件。

11月10日，潘汉年与陈立夫、张冲在上海沧州饭店举行初次谈判。11月19日，潘汉年又到南京与陈立夫再次晤谈，就双方合作抗日的条件进一步做了商谈。但是，由于国民政府此时将中国共产党的"联蒋抗日"政策视为软弱的表现，认为共产党是为摆脱困难的处境才急于向国民党妥协，因而谈判的目的也是为了收编、瓦解红军，并且为配合谈判加强了在军事上的进攻，企图消灭红军。

结果，从1935年冬至1936年冬国共两党的多次秘密接触并没有达成任何协议。尽管如此，国民党方面表示国共谈判不宜中止，不久，随着"西安事变"的爆发与和平解决，国共两党的谈判转为公开。

在国共两党秘密接触的同时，中国共产党还采取了更为实务的措施逼蒋抗日。毛泽东曾先后致函宋庆龄、蔡元培等国内70多位知名人士，呼吁他们挺身而出，要求南京政府立即停止内战，一致抗日。

与此同时，中国共产党特别重视联合南京以外的地方实力派，共同逼蒋抗日，如陕西的张学良、杨虎城，山西的阎锡山，两广的李宗仁、李济深、陈济棠，四川的刘湘、刘文辉，云南的龙云，华北的冯玉祥、傅作义、宋哲元等。中国共产党的努力收到显著成效。

国民党东北军总司令张学良和西北军总司令杨虎城，最早走上了联共抗日的道路，并在西安发动了震惊中外的"西安事变"，使中国局势为之一变。1936年冬，蒋介石调集30个师的庞大兵力集结陕甘，准备对中央红军进行第六次"围剿"。12月4日，蒋介石飞抵西安，督促张学良、杨虎城"剿共"。蒋威逼说，如不"剿共"，就将东北军调往福建，将西北军调往安徽，陕甘两省让给中央军。

在进退两难的情况下，张学良、杨虎城商定说服蒋介石停止内战，一致抗日，"善说"无效，再"逼蒋抗日"。

12月12日清晨，张学良、杨虎城在几经"哭谏""苦谏"无效后，实行"兵谏"，派兵在华清池逮捕了蒋介石，在西京招待所拘捕了陈诚等军政大员。"西安事变"爆发了。

同日，张学良、杨虎城通电全国提出释放上海被捕之爱国领袖、释放一切政治犯、开放民众爱国运动、保障人民集会、结社及一切政治自由等8项主张，并致电中国共产党中央，邀请中国共产党派代表赴西安，共商抗日救国大计。"西安事变"爆发后，在国内外引起了巨大反响。支持蒋介石的英美，担心此时中国内乱会给日本可乘之机，主张和平解决事变。

12月17日，英国外交大臣艾登在致英驻华大使的电文中称："我们表示愿意尽我们的最大努力来保证蒋介石的安全"，"我将要求美国、日本、意大利和法国政府加入所提议的行动。"

日本对"西安事变"如何发展，一时尚难作出准确判断，但极不愿看到南京政府与张学良、杨虎城妥协。日本陆军省在12月14日的《"西安事变"对策纲要》中推测，"西安事变"将"招致对日空气之恶化，并侵害帝国侨民的安全的权益"，要求做好准备"以便不失时机地采取自主手段"，并阻

止各国乘机对"远东和平"的干预。12月23日，日本广田首相在枢密院会议报告说："国府与张学良以容共为妥协条件，日本则断然打击。"

国民党内部的分化，因"西安事变"达到极点。以宋子文、宋美龄为代表的英美派竭力要求和谈，担心蒋介石性命不保，英美派会失去在国民党内的统治地位。而以军政部长何应钦为首的亲日派，却决定以武力解决"西安

国共和谈代表周恩来（中）、叶剑英（左）和张冲（右）

事变"。16日，何应钦组织"讨逆军"，自任"讨逆军总司令"，调动15个师的兵力沿陇海路西进，并把全国空军主力集中于洛阳机场，准备轰炸西安。17日，又电召养病的亲日派头子汪精卫回国。

在事关民族命运的关头，中国共产党必须迅速作出正确的决策。12月13日，中国共产党中央政治局常委召开扩大会议，应共产国际提出的意见，决定争取南京政府，把局部的抗日统一战线，转到全国性的抗日统一战线。

19日，中国共产党中央政治局再召开扩大会议，商议解决"西安事变"方针。会议认为"西安事变"的性质，"是中国一部分民族资产阶级代表，也是国民党中实力派之一部，不满意南京政府的对日政策，要求立刻停止'剿共'，停止一切内战，一致抗日，并接受了共产党抗日主张的结果"。它的意义"是为了要抗日救国而产生的，是要以西北的抗日统一战线去推进全国抗日统一战线的开始"。

因此，中国共产党的基本方针是：

坚持停止一切内战一致抗日的组织者与领导者的立场，反对新的内战，主张南京与西安间在团结抗日的基础上，和平解决。

中国共产党在确定了和平解决事变的方针后，首先派周恩来、叶剑英等人组成中国共产党代表团前往西安，同张学良、杨虎城共商解决事变的大计。针对亲日派的军事安排，为防止新的内战爆发，12月15日和18日，中国共产党中央先后致电国民政府，坚决反对"讨伐"张学良、杨虎城，挑起新的内战，呼吁国民政府接受张学良、杨虎城抗日要求，停止内战，一致抗日。16日，周恩来等人抵达西安后，向张学良、杨虎城提出了和平解决事变的方针：只要蒋介石答应停止内战、一致抗日的条件就予以释放，以有利于发动全面的抗日民族解放战争。21日，中国共产党中央书记处致电周恩来，主张争取蒋介石、陈诚等与之开始谈判，并就谈判策略、条件及对蒋介石的处理办法，作了进一步的具体指示。

12月23日，中国共产党代表周恩来，西安代表张学良、杨虎城，南京代表宋子文、宋美龄，开始举行谈判。

周恩来首先提了中国共产党和红军的6项主张：

1.停战，中央军撤出潼关外；2.改组南京政府，排逐亲日派，加入抗日分子；3.释放政治犯，保障民主权利；4.停止"剿共"，联合红军抗日，共产党公开活动；5.召开各党、各派、各界、各军救国会议；6.与同情抗日国家合作。

24日，周恩来同蒋介石进行会谈，蒋介石在各种压力下，不得不接受以中国共产党主张为基础的6项协议。

12月25日，张学良、杨虎城释放了蒋介石。至此，举世瞩目的"西安事变"终得和平解决。"西安事变"的和平解决，是中国局势转变的枢纽。在日本侵略日益加深的情况下，一举结束了中国的10年内战，创造了国共合作抗日的必要前提。为推动国共合作抗日，中国共产党中央于1937年2月10日发出了《给中国国民党三中全会电》，要求把下列5项定为国策：

一是停止一切内战，集中国力一致对外。

二是保障言论、集会、结社之自由，释放一切政治犯。

三是召集各党各派各界各军的代表会议，集中全国人才，共同救国。

四是迅速完成对日抗战之一切准备工作。

五是改善人民的生活。

同时表示，如国民党确认上述国策，则本党做如下保证：在全国范围内停止推翻国民政府之武装暴动方针；工农政府改名为中华民国特区政府，红军改名为国民革命军，直接受南京中央政府与军事委员会的指导；在特区政

府区域内，实施普选的彻底民主制度；停止没收地主土地之政策，坚决执行抗日民族统一战线之共同纲领。

2月15日至22日，国民党在南京召开了五届三中全会。全会通过抗日派与亲日派的斗争，否决了汪精卫提出的政治决议草案，通过了一个实际上接受中国共产党主张的决议案。尽管这一决议案还没有制订明确的抗日方针，没有批评国民党过去政策的错误，但在国内政策上，它确定了和平、修改选举法、在某种条件下开放言论和释放政治犯等原则。

在对待共产党的问题上，虽然没有根本放弃反共立场，但它提出的谈判条件与共产党通电的要求在原则上是大致接近的。在对日问题上，表示如果让步"超过忍耐之限度，而决然出于抗战"，这是国民党第一次提出抗战。4月15日，中国共产党中央在《告全党同志书》中指出：国民党五届三中全会"对于日寇的侵略有了比较强硬的表示，对于国际和平阵线有了进一步的接近，对于本党'国共合作'的提议，也并不表示拒绝"。

它标志着国共合作的抗日民族统一战线的初步形成。

亚欧硝烟

第二次世界大战的爆发

法西斯极权统治的建立

　　法西斯极权统治是在第一次世界大战以后才出现的。20世纪初，一些资本主义国家中出现了形形色色的法西斯学说与法西斯运动，并产生了第一个法西斯国家——意大利。随着1929年经济大危机的爆发，法西斯祸水在更大的范围内开始泛滥，并在欧亚两大洲的德国和日本生根发芽，使世界和平受到巨大冲击，整个世界重新被推向战争的深渊。

墨索里尼建立
法西斯政权

　　法西斯主义是在封建主义和军国主义传统影响较大的帝国主义国家，为了克服危机、对抗革命、争霸世界而出现的反动思潮、政治运动和政权形式。

　　法西斯主义产生于第一次世界大战后，世界革命潮流高涨之际。当时，各资本主义国家已陷入政治危机之中，原有的国会政治、法庭、议会等都已经不足以维持原来的统治，而无产阶级因条件尚未成熟，也不能夺得政权，当这两种势力相持不下的时候，法西斯主义趁机产生。

　　意大利法西斯运动的发展，有一个逐渐演变的过程。一开始它还只是一场小资产阶级的左翼运动，之后被统治阶级所利用。法西斯运动的领袖心甘情愿与大资产阶级和封建残余势力相结合，成为他们手中对内镇压工农运动，对外叫嚣民族沙文主义的工具。

　　最后，在统治阶级的扶持下，意大利法西斯运动迅速发展成为政坛上一支最重要的力量，并夺取了国家政权，建立了以墨索里尼为首的法西斯独裁统治。

　　墨索里尼1883年出生于一个铁匠家庭，早年倾向社会主义，加入意大利社会党。1912年担任社会党机关报《前进报》的主编，并成为社会党的领导人之一。

　　第一次世界大战爆发后，墨索里尼因公开表示支持政府参战而被赶出《前进报》，并被开除出社会党。

　　1914年10月，他参加了意大利第一个法西斯组织"国民行动革命法西

斯"，并在3个星期后创办了一份新报纸《意大利人民报》。

1915年1月，"国际行动革命法西斯"更名为"革命干涉行动法西斯"，并在米兰建立了全国性组织，墨索里尼很快成了这个组织的核心人物。

1915年，意大利政府正式对奥宣战，墨索里尼与其他领导人立即应征入伍，"革命干涉行动法西斯"虽未正式宣布解散，但已名存实亡。

第一次世界大战结束后，墨索里尼等人决定重建法西斯组织。1919年3月，"战斗的法西斯"宣告成立。它以"要求巴黎和会兑现伦敦条约对意大利的领土许诺"为号召，扩大自己在民众中的影响，争取小资产阶级、知识分子和民族主义者的支持；它支持退伍军人和农民的土地要求，以赢得他们的好感；它又迎合统治阶级镇压革命运动，以求得与新老政客、垄断资本、封建地主和王室的结盟。这些策略和措施，使意大利法西斯运动得到了迅速发展。

1920年5月，是意大利法西斯运动的重要转折点。战斗的法西斯在米兰举

意大利罗马威尼斯广场 ⊙

行第二次全国代表大会，重新选出了党的领导机构，通过了新的《法西斯纲领的基本要点》。这个新纲领无论在政治上、经济上以及社会、军事各方面的主张都表现出了明显的向右转的趋向。从此，法西斯运动转向反动。

之后建立了以反对社会党为首要目标的法西斯行动队，由过去的同情和支持工农运动转而采用残酷的手段疯狂破坏工农革命组织，殴打和杀害社会党和工会领导人，公开参与军警对群众运动的镇压，与之合谋制造白色恐怖。

法西斯运动的新动态使以垄断资产阶级和封建王室为主体的统治阶级消除了对它的疑虑，开始转而大力支持它的发展。

在统治阶级的扶持与资助下，法西斯运动在一两年的时间里获得了重大发展。至1920年年底，战斗的法西斯成员已达20000多人；至1921年5月底猛增至18万人；至1922年5月，已更名为"国家法西斯党"的党员人数为32万多人。

意大利法西斯已从一个微不足道的组织一跃而成为拥有武装的全国第一大党。面对法西斯运动的迅猛发展，墨索里尼等领导人不再安于仅仅充当统治阶级营垒中的一个次要角色，开始跃跃欲试谋求夺取全国政权了。它首先夺取了意大利的许多地方政权，然后，决定向罗马进军。

1922年10月27日，由30000多名法西斯行动队员组成的进军队伍分三路向罗马进发，法克特总理要求国会颁布全国戒严令，遭到国王拒绝，法克特政府被迫辞职。29日，国王埃马努埃莱三世授权墨索里尼担任总理组阁。31日，第一届法西斯内阁组成，墨索里尼任首相兼内政大臣和外交大臣，此后，又通过暴力恐怖和非法等手段，建立了法西斯的极权统治。

为了保证法西斯党对国家政权的绝对控制，墨索里尼一方面进一步改善与垄断资本的关系，废除"累进税法"，以各种名目和方式向大资本家提供资金，帮助他们摆脱战后所面临的经济危机，以争取他们的全面支持。

另一方面，加强对党政大权和法西斯武装的控制，解散所有党派武装和由40000人组成的皇家卫队，建立由他直接掌握的国家安全志愿民兵，并设立

一个"超越和凌驾于原有政治机构之上"的党的最高领导机构"法西斯大委员会"。

从1925年5月起,法西斯政权颁布了一系列法令,为墨索里尼独裁统治提供法律保证。1925年5月16日颁布《反秘密团体法》,宣布取消集会和结社自由;6月20日颁布《法西斯新闻检查法》,取消言论自由;12月24日颁布《政府首脑及阁员职责与特权法》,授予墨索里尼独裁权,要内阁大臣和副大臣像士兵一样,一切行动听从"领袖"的命令。

1926年11月26日,颁布《国家防御措施法》,宣布取缔国家法西斯党以外的所有政党;1928年12月9日颁布《法西斯大委员会权力法》,规定政府首脑和法西斯大委员会主席由墨索里尼一人担任。

至1929年4月,作为政府首脑的墨索里尼一身兼任内阁中的内政、外交、陆海空三军、职团、殖民和公共工程8个部的大臣,可谓集各种权力于一身。他控制了意大利的一切,成了意大利最高主宰者。法西斯极权统治已经全面确立和巩固。

希特勒成为
纳粹组织党魁

  1929年爆发的经济危机，对德国经济的打击特别严重，导致1930年3月7日的社会民主党人大联合政府垮台。这是魏玛共和国建立之后第十五届政府的失败。很显然，魏玛议会民主制已经丧失了联合政府存在的基础。

  1930年，德国几乎没有一个政党具有议会政党的责任意识。德国社会民主党在一定程度上低估了党对政府政策的影响，尽管不希望以损害政府为代价背离议会民主制，但是此时已不能单独阻止政局的发展。

  中央党是社会民主党长期的联合伙伴，在因经济危机而政治偏激化的政党中受到的打击最小，对选民具有一定的吸引力。1928年12月，具有保守教会观念的路德维希·卡斯当选为党的主席，此后该党急剧偏激化。关于国家的观念，它已由主张民主制政党国家转变为主张带有完全权威特征的专制国家。德意志人民党，也在其主席施特雷泽曼1929年逝世后急剧变化，从一个自由主义的和支持共和国的政党转变为一个经济政党，反对共和制，要求恢复德意志帝制。该党公开表示，以大资产阶级代表居主导地位的"利益集团联盟"，优于民族自由观念的协会。

  德意志民主党也隐藏着一种偏激的趋向，主张应与青年德意志教团，特别是与德意志人民党联合；而青年德意志教团追逐一种理想的结盟制度，并不赞成政党国家。与魏玛资产阶级联合政党比较，德意志民族人民党是反动的资产阶级保守政党，主要代表大地主、易北河地区的贵族和重工业集团的利益，在资产阶级右翼势力中影响较大。该党始终站在魏玛宪法的边缘，反对《凡尔赛和约》，反对德国社会民主党。

　　新闻康采恩巨头、重工业和农业利益代表人物胡根堡当选为党的主席之后，该党从1928年10月起作为反议会制度的一种"运动"，转向"民族反对派"队伍。在魏玛共和国后期，成为民族资产阶级和纳粹分子联合反对魏玛共和国的势力。

　　正是由于资产阶级政党偏激和反共和制势力对不受政党影响的强大国家观念的宣传，资产阶级政党在对待社会民主党这一棘手的问题上，发生了由最初与之联合，到持保留态度，最后与之决裂的转变。这样一来，大联合政府中的诸政党就不能在议会内形成团结一致的强大势力，加之他们又没有看清楚纳粹党和胡根堡领导的德意志民族人民党的真面目，直至纳粹党夺权，在德国都没有形成以民主人士为一方，以纳粹分子为另一方的明确阵线。

　　大联合政府中的诸政党自动让大联合政府垮台，这使人们对国会扭转日益严重和波及广泛阶层的经济危机的期待破灭了，增加了人们对议会体制本身的怀疑。作为摆脱政府危机的唯一出路，由总统任命组成一个依附性的少数派政府，是取代议会制的一种权威式的解决方式。

柏林的标志建筑勃兰登堡门

　　资产阶级政党公然允许背离议会民主制的事态发生，从而为反动的资产阶级右翼势力排斥有组织的工人组织，向权威制国家转变提供了条件。

　　1930年之后，纳粹主义发展成一股滚滚的褐色洪水，推动纳粹政权的建立。1930年3月29日，兴登堡总统根据魏玛宪法第四十八条赋予的权力，作为大联合政府垮台和抵制由经济下降而引发的财政危机的出路，任命中央党人布吕宁为总统制内阁总理。9月14日进行的国会选举中，纳粹党在国会中的议席急剧增长。相反，资产阶级民主派政党遭到惨败，在国会中的席位大大减少，社会民主党的议席也明显减少。

　　在以后几年中，各政党力量消长的总趋势一直未能改变。而资产阶级传统政党中具有保守、权威思想派别的势力日渐增长，因此，议会中的资产阶级民主派政党逐渐无力左右政局的发展。大工业主、农业主、军人和官吏等权势集团趁机加强对总统兴登堡的影响。这样，便加快了独裁体制取代议会民主制的进程。1930年11月27日，德国金融垄断资本集团开始把希特勒作为自己的政治代理人提出来。

　　1931年，莱茵河畔法兰克福经济政策联合会向兴登堡总统呈文，要求把政府交给希特勒领导的纳粹党。希特勒非常清楚，要想合法上台，必须得到总统的任命。因此，兴登堡总统周围的容克地主和顾问们的态度，对希特勒的政治前途起着举足轻重的作用。

　　为了争取容克地主，希特勒多次向容克地主发表演说，阐述纳粹党对他们的态度。1931年1月14日，他同欧根堡·海尔特菲尔德公爵进行了一次谈话，尽量解答容克地主期待澄清的问题，解除容克地主的疑虑。

　　他明确表示，绝不没收和剥夺大地产，将继续执行对易北河东部容克地主"东方援助"的政策，重视同大地主合作，准备同代表大地主利益的政党德意志民族人民党组成联合政府，以保证执行有利于容克地主的政策，维护他们的利益。欧根堡·海尔特菲尔德公爵将这一谈话记录连同他的一封信，在容克地主中间广为散发。

　　1月21日，希特勒出席了冯·阿尔尼姆·波伊岭堡伯爵组织的一次有15

名容克地主参加的小型私人集会，并在会上作了报告。有影响的大容克地主们认为，希特勒公开提出的政治目标与他们的现实经济利益相一致，应该支持纳粹党。1932年2月25日，阿尔尼姆伯爵写信给兴登堡总统，表示支持希特勒出任总理，并阐述了希特勒和纳粹运动的重要性。

1932年5月30日，布吕宁的下台是魏玛共和国的又一转折点。他的下台并非因为遭到议会的否决，而是失去了总统的信任。布吕宁曾试图通过减薪、降低物价、移民措施和改进失业救济金来克服危机，未能奏效。

他试图通过重新举行国会选举从而获议会多数，又遭失败。在这种情况下，兴登堡考虑向右敞开大门，"扼制褐色洪水"，即把吸收纳粹主义和加强权威权力机构的愿望，同根本上干预魏玛社会体制的要求结合起来，在此情况下布吕宁下台。继布吕宁之后，帕彭成为总统制内阁总理，只有德意志民族人民党追随他并支持其政策。

帕彭限制失业救济金，采取取缔最后的"民主堡垒"——社会民主党领导的普鲁士政府等措施，从根本上修正了魏玛体制。但是，帕彭的政策遭到了社会民主党、中央党、基督教工会和原布吕宁政府成员的反对。

1932年7月31日，德国第六届国会选举揭晓结果，为德国的国内政治形势带来了深远的影响。纳粹党在这次选举中，获得明显的胜利。

纳粹党囊括了37.4%的选票和多数国会席位，成为德国国内最突出、最强大的政治力量。除此之外，只有德国纳粹党133个席位，德国共产党89个席位，中央党75个席位，国家人民党37个席位和巴伐利亚人民党22个席位成为重要的议会党派，游离党派则全军覆没。这次选举之前，纳粹党与德国社会党、共产党形成对立局面，双方甚至发生流血冲突。

德国纳粹党虽然在7月31日的国会大选获得胜利，但是希特勒纳粹党仍不能摄政。原因是选举之后，在纳粹党和德国内阁举行的一次谈判中，纳粹党与总理帕彭无法取得协调，双方出现严重的分歧。因为帕彭只同意最多让希特勒担任副总理的职务，但是希特勒坚持要担任总理，他的党员要出任普鲁士邦的首席部长职位，以及其他许多重要的部长职位。

　　帕彭下台后，1932年12月23日，兴登堡任命施莱谢尔将军为总统制内阁总理。施莱谢尔采取的国家干预政策，不但未能取得工人和广大下层民众的支持，还引起了垄断资本集团的不安和恐怖。

　　布吕宁、帕彭、施莱谢尔总统制内阁政治基础薄弱，缺乏群众基础，无法稳定政治、经济局面。希特勒的纳粹党则乘机争取权势集团和舆论界的支持，以达其上台执政的目的。纳粹党便想方设法与各权势集团结盟。

　　反对马克思主义，敌视民主制，对外进行侵略扩张，是纳粹党与垄断资本等权势集团结盟的共同基础。但是，纳粹党纲领中有关"反资本主义"的条文却是两者接近的障碍。

　　为了加强对垄断资本集团的争取工作，希特勒反复向工业家代表解释，纳粹党纲领中"反资本主义"的条文，只是反对"贪婪的犹太资本"，绝不反对"创造性的雅利安人资本"。并进一步解释说，这是出于宣传和争取群众的需要。

　　希特勒通过在工业家集会上演说，消除了垄断资本家对纳粹党"反资本主义"条文的顾虑和对"施特拉瑟左派"的恐惧，使纳粹党与垄断资本的关系出现了转机。1929年，希特勒提出与垄断资本的结盟问题，得到了有关方面的响应。

　　同年9月，纳粹党发表的"反对奴役德意志人民法案"被称为"自由法案"，法案称纳粹党要与持种族权威观念的保守派结为联盟伙伴，集中解决"德国世界政治地位的衰落"问题，"重新赢得我国人民的自由"。

　　同年12月，德国工业家全国协会提出一份备忘录——《德国经济的崛起或毁灭》。在这份关于德国经济和财政改革的方案中，激烈地攻击由社会民主党领导的政府和魏玛共和国，表示愿意与纳粹党结盟，并且指出："德国的经济面临着抉择。如果最终不能改变航向，并使我们的经济、财政和社会政策根本转变，那么德国经济的毁灭将无可挽回。"

　　德国工业家全国协会呼吁说："一切建设性的力量"应该联合为"一种广泛的和统一的反击阵线，抵制一切敌视经济的努力"，把经济"从一切非

经济障碍中解救出来！"

1931年10月11日至12日，纳粹党与德意志民族人民党、钢盔团、容克地主和垄断资本家代表结成"哈尔茨堡阵线"，主张建立一个"强大的民族国家"，建立公开的恐怖专政，向魏玛共和国发起总进攻。

1932年1月27日，希特勒在杜塞尔多夫工业家俱乐部向600多名莱茵－威斯特伐里亚经济界领导人发表演说。为了迎合大企业界领导人的需要，希特勒大肆攻击民主制，宣扬以效率和伟人建设经济的思想，强调天才人物和个人主动性的价值，鼓吹对外进行殖民扩张和战争。

希特勒的演说，引起雷鸣般的掌声。大会主席、鲁尔地区最有权威的大亨之一弗·蒂森代表听众向希特勒表示感谢。他说："只有纳粹主义运动和元首精神，能够改变德国的命运！"

希特勒的这一演说发生了重要影响。此后，经济界的许多代表人物的态度发生了有利于希特勒纳粹党的转变。他们也希望以自己的观念来影响纳粹党，以便其行动体现自己的意志。

纳粹头子在国会选举会议上 ❤

这次在杜塞尔多夫城的集会，成为希特勒的纳粹党与垄断资本集团开始结盟的标志，为他日后上台奠定了基础。后来，应希特勒的请求，由工业家凯普勒组织领导了一个"凯普勒社团"，为纳粹党上台提供经济资助。该机构由10多名经济界领导人组成，其中有银行家沙赫特和联合钢铁厂总裁弗尔格勒等人。

1932年11月6日，纳粹党在国会选举中丧失了34个议席。在这种情况下，大工业和重工业界的资助人对继续捐助纳粹党表示迟疑。银行家施罗德立即向希特勒表示帮助，成立了一个由10多名重要工业家和银行家组成的为纳粹党债务承担信用担保的银行集团。施罗德是贵族俱乐部的成员，并与总统之子奥斯卡·冯·兴登堡关系密切，可通过后者对总统兴登堡施加影响。因此，他对希特勒上台执政起到不可小看的作用。

同年11月19日，20位重要的工业、银行、商业和农业方面的代表人物签名，向兴登堡总统呈交一份《请愿书》，要求任命希特勒组织总统制内阁。

没有军队的支持，夺取并保持政权是很难想象的。德国在第一次世界大战中战败，国防军对此一直耿耿于怀，无时无刻不在梦想重建昔日德国的大国地位，进而夺取世界霸权。而且，国防军在德国内阁更替中日益发挥着左右局势的作用。从1929年起，希特勒便开始有计划地对国防军加强宣传活动，表示愿意与陆军联合。

同年3月15日，希特勒在一次演说中阐述了纳粹党与国防军的关系，正式声明：严格的纪律将把德意志人集聚起来，我们由此产生希望，新的德意志民众国家将开始取代当代的阶级和政党国家。

他对军队大加赞美，并声称"帝国军队是德意志民族的最高学府"，以此满足军官团具有的自我精英意识。1930年10月，希特勒再次声明：国防军居于运动之首。如果我们上台执政，那么国防军将重新成为伟大、悠久、高贵的人民军队。

希特勒向国防军做出的明确保证，使一些陆军高级将领感到宽慰。他们认为，美好的时刻即将来临。许多较年轻的军官对纳粹党的宣传欣喜若狂，

他们从希特勒关于扩军备战的诺言中，看到了晋升的希望。

国防军中以第一军区司令勃洛姆堡及其参谋长敕歇瑙为代表的一派，极力主张任命希特勒为总理。他们认为："解决国防军的政治和军事问题，只能由唯一的力量——纳粹主义加以实现，纳粹主义是国防军实现扩军备战的巨大发动机。"

1933年1月下旬，勃洛姆堡和敕歇瑙受召同兴登堡总统商议组阁问题。两人提议任命希特勒为民族阵线政府总理。1月29日上午，兴登堡总统任命勃洛姆堡为国防部长，客观上加强了希特勒和国防军内亲纳粹派的地位。魏玛共和国官吏集团也是希特勒纳粹党着意争取的势力。魏玛共和国建立之时，对旧的官僚体制未加触动。魏玛共和国宣布，确保官吏的合法权利和法官的独立性。但在渡过了王朝崩溃的危机之后，官吏阶层对新产生的魏玛共和国并无善意，对魏玛宪法中规定的资产阶级民主、平等原则持保留态度，推崇王朝时代对上服从和对下命令的专制方式，留恋君主制及其"光彩"，不愿意放弃军国主义等。

因此，纳粹党大肆攻击资产阶级自由、民主制，推行所谓领袖原则，与魏玛共和国官吏集团的权威思维方式不谋而合。同时，纳粹党的宣传及其选举成就，使官吏们逐渐与纳粹党接近，最后支持希特勒上台。官吏集团的重要代表、总统的顾问、国务秘书奥·梅斯纳，为大资本家和大容克地主向兴登堡总统呈交"陈情书"，要求任命希特勒为内阁总理。他和总统的儿子奥斯卡·冯·兴登堡为帮助希特勒组阁，穿梭于希特勒和总统之间。

基督教在德国具有重大影响。希特勒为了上台执政，也进行了争取教会的工作。魏玛共和国后期，天主教会内部帝国思想派的影响逐渐扩大，主张支持纳粹党。新教内部出现的"德意志基督教信徒信仰运动"，完全肯定纳粹主义，赞成和支持希特勒纳粹党上台。

德国知识界的保守人士，在高等院校和新闻出版机构居于优势。他们把纳粹党上台视为拯救德国、摆脱危机和新生的开始。在大学生中，反动的种族主义、民族主义、反民主和反犹观念广为传播。

　　1931年7月之后，德国大学生协会的许多领导人为纳粹分子。知识界出现大肆宣扬战争、诋毁民主和主张权威的保守思潮，为希特勒纳粹党的上台制造了广泛的社会思想舆论。在布吕宁、帕彭、施莱谢尔总统制内阁缺乏国会多数支持、德国政局动荡不安的情况下，大资本家、大容克地主、军人和官吏等权势集团代表人物、教会和知识界，都要求总统兴登堡让希特勒出面组阁，他们一致认为，希特勒的纳粹党是最佳选择。

　　他们不仅能够利用纳粹党拥有的众多选民及广泛的群众基础，稳定政局和渡过危机，同时又能利用纳粹党对内废除议会民主制，剥夺工人阶级的权利，对外摆脱《凡尔赛和约》的枷锁，恢复德国世界霸权地位。

　　1933年1月22日，兴登堡之子、总统副官奥斯卡·冯·兴登堡，国务秘书梅斯纳和帕彭，同希特勒、戈林、弗兰克密谈组阁问题。1月25日，资产阶级右翼党团德意志民族人民党发表声明，支持希特勒组织政府。1月28日，

希特勒在演讲

总理施莱谢尔下台。总统顾问帕彭、奥斯卡和梅斯纳向兴登堡建议，组成希特勒、帕彭、胡根堡"民族联合政府"。1月29日上午，希特勒同意了组阁条件。1933年1月30日上午，总统兴登堡任命希特勒为内阁总理。一个最反动、最富有侵略性的法西斯政权在德国建立，它标志着欧洲已形成一个最危险的战争策源地。

1932年2月，有60多个国家出席的国际裁军会议在瑞士日内瓦举行。德国出席会议的目的是希望废除《凡尔赛和约》，但这一企图与法国等国的愿望相悖。1933年3月16日，英国代表在裁军会议上提出一项裁军公约草案，规定在未来5年之内允许德国获得与法国、意大利、波兰等欧洲国家同等的兵额。但这一草案受到法国的非议。法国要求将草案提及的5年期限延长至8年。在裁军会议未能取得任何有利于德国的条件的情况下，1933年10月14日，德国政府致电国际裁军会议主席，宣布德国退出裁军会议。后来德国曾提出一系列违背《凡尔赛和约》规定的要求，作为恢复出席裁军会议的条件，被法国断然拒绝。德国退出国际裁军会议使该会议实际上陷于瘫痪。

此后，德国公然加紧扩军，使国际形势发生了重大转变。10月19日，德国又退出国联，从而向实现法西斯称霸欧洲和世界的目标迈出一大步。

1934年6月30日，在纳粹冲锋队结束一切活动，准备休息一个月，并按照希特勒的命令准予开始放假的前一天，一场酝酿已久的权力争斗开始白热化，而且达到了戏剧性的高潮。

6月30日，希特勒在广播和报刊公开宣称，他压制了恩斯特·罗姆领导纳粹冲锋队所进行的颠覆活动，并且格里高尔·斯特拉赛和前帝国总理库特·史莱布将军也参加这项反对政府的阴谋。希特勒当月初从帝国党卫军方面获知纳粹冲锋队计划要将该队建设成一支武装力量，并加入帝国部队。

而纳粹冲锋队的首领罗姆同时公开声称，必须进行"第二次革命"，因此希特勒曾在5日与罗姆举行会谈，试图与这位自1923年以来合作的战友达成和解，但罗姆仅保持沉默。

10日，罗姆鼓动纳粹冲锋队向德国国家社会主义劳工党的领导权挑战。

军方也响应这项反抗活动，国防部长握那·冯·布拉姆伯格21日探望在养病的兴登堡总统时向希特勒发出一份最后通牒，其中提及将在帝国部队中宣布紧急状态，并以接管行政机关相威胁。

25日，军队指挥部司令官弗利兹克果真向帝国部队宣布紧急戒备令，希特勒便毅然采取行动。

罗姆原定计划于30日在召集纳粹冲锋队主要干部会议，希特勒针对这次会议展开整肃行动。戈林及希姆莱也分别在柏林警察局向纳粹精卫队下达命令，希特勒在慕尼黑也命令党卫军开始行动。

希特勒率领纳粹党卫队在凌晨4时左右冲进纳粹冲锋队的营地，逮捕罗姆及幕僚人员。他们被押解到慕尼黑斯达德尔汉监狱，立刻遭到党卫队枪决。戈林在柏林同时展开"扫荡行动"，结果纳粹冲锋队和主要干部之一柏林纳粹冲锋队队长卡尔·恩斯特被枪杀。史莱希夫妇与布莱多将军均在家中被射杀。

格里高尔·斯特拉塞被捕，随后在普林兹—阿柏莱契特街的盖世太保大楼遇害。希特勒任命维克多·鲁兹接替罗姆职位，并要求纳粹冲锋队服从命令。德国总统兴登堡逝世两周后，希特勒在德意志人民面前表明他是总统继承人，虽然他从1934年8月2日就已开始掌握了行政职权。德国政府在兴登堡去世的前一天通过《国家元首法》，决定将总统和总理的职务合并为一。

由于希特勒已出任总统，因此在这种情况下，德国人民的表决将使他正式获得这个职衔。此外，希特勒还希望在官方的用词及一般的场合中，一律称他为"元首"。事实上，所有的德国士兵都把这个惯用语当做一个新誓言，它取代了以往宣誓的对象——宪法，士兵们不再对人民和祖国承担义务，而是对希特勒个人负责。

该运动的第一个高潮是前总理帕彭郑重地宣布兴登堡的遗嘱，遗嘱中希特勒及德国国家社会主义劳工党，被称为德国美好未来的开路先锋。大选的结果是希特勒获胜，从此希特勒合法地成为德国独裁者了。

日本军部推行
法西斯极权

　　日本法西斯早期产生于民间，原来是一个叫大川周明的人组建的"犹存社"。这些团体多脱胎于右翼组织，封建性强，奉行家族主义和自我中心主义，几乎处于"一人一党"的松散状态，团体互相间没有共同的纲领。

　　这类民间法西斯组织的主要活动在日本法西斯化的过程中不可能起主导作用，只是军部法西斯运动的辅助力量。日本军部由于在国内拥有特殊的地位，后来成为法西斯分子重点争取的对象。

　　20世纪20年代前半期，在军内逐渐发展起来的法西斯分子分别形成了"幕僚革新派"和"基层将校革新派"，两者统称"军内革新派"，即军内法西斯帮派。军部完成法西斯化之后，成为日本法西斯化的主要推动力量。与此同时，军队内部在如何建立法西斯政权的问题上出现了严重的分歧。

　　以永田铁山、石原莞尔、宇垣一成、东条英机等上层将领组成的幕僚革新派认为，鉴于军部的势力在不断扩大，军队完全有可能通过自上而下的合法途径，建立"高度国防国家"。

　　由于他们主张保持军部中央机构的统制，依靠合法手段自上而下建立军部独裁，因而被称作"统制派"。但是，以荒木贞夫、真崎甚三郎等为首的基层革新派，却仍然坚持其通过军事政变途径实行"国家改造"的主张。由于他们宣扬"皇道精神"，提倡国体明征、天皇亲政，因而被称为"皇道派"。皇道派认为，日本的军备和国力比不过美、英、苏，因而不太重视军备的现代化和总体战思想。他们所热衷的是皇道精神，喋喋不休地鼓吹精神主义。荒木贞夫讲话写文章，通篇尽是皇道、皇军、皇威之类冠以"皇"字

的字眼。他甚至对人说："国力不足，我们并不介意。何必要为物质之类的东西多费心机呢？"

皇道派和统制派形成后，因意见分歧，对立尖锐。两派的主要分歧是：第一，关于改造国家的手段，统制派主张自上而下地合法进行；皇道派则坚持自下而上地搞暴力政变；第二，关于改造的次序，尽管两派都主张对外侵略扩张，但统制派主张先外后内，通过发动战争，推动国内的法西斯改造；而皇道派的中、下级军官则强调"国内第一主义"，主张先在国内建立法西斯统治，再谋对外侵略。

统制派得到军队内大多数中上层军官的支持，势力渐丰。

1934年1月，荒木贞夫辞去陆相职务，支持统制派的林铣十郎接任陆相。林铣在陆军省内安插统制派成员，排挤皇道派。3月，永田铁山任军务局长，在陆军省，这是仅次于陆相的最有实权的职务。统制派掌握了陆军的大权，成为推进日本法西斯运动的主体力量。建立高度国防国家离不开统治阶级的支持，尤为重要的是军部与官僚、财阀的结合。

"九一八"事变之后，日本政府中出现了一批新官僚，他们在1932年与军部一起推动救农事业，开始崭露头角，以后新官僚的队伍陆续扩大。他们大多是内务、经济方面的官僚，主张用极权主义取代自由主义，与军部完全合拍。他们超越各省厅的界线，形成横向联合，在推进综合统制方面具有很大能量。

1935年5月，按照统制派的主张，在军部的推动下，设立了综合国策机构"内阁调查局"。它后来发展为企划厅、企划院，成为新官僚的大本营。新官僚是军部最亲密的同伙。军部与财阀的结合有一个过程。

新兴财阀是在1931年后日本政府实施军需通货膨胀政策、经济军事化过程中发展起来的，是军部的积极支持者。财界主力三井、三菱等旧财阀，由于过去投资的重点是轻工业和民用工业，所以尽管他们不反对军部发动侵略战争，但是不希望军部使日本过早地卷入力所不及的大规模国际冲突。

旧财阀往往通过内阁、政党和舆论界，对军部干预政治进行一定的抵

制。同时，军部一度也有排斥财阀的倾向，如关东军、荒木贞夫陆相都曾宣布拒绝财阀资本进入"满洲"。

1932年，在血盟团事件和"五一五"事件的冲击下，发生了"财阀转向"。其表现是：

> 一是向社会事业捐款。三井、三菱、住友都有捐款，最大的一笔是三井拿出3000万日元，设立社会事业团体"三井报恩会"。
>
> 二是协助开发"满洲"。三井、三菱、住友向"满洲国"的银行、军火企业提供2000多万日元贷款。
>
> 三是财阀家族退出第一线，辞去财阀直属公司负责职务。承认子公司的相对独立性，这意味着所有权和经营权的分离。
>
> 四是公开出售所属企业的股票，售价高出股票面额一倍以上。

财阀转向是为了缓和社会上的反财阀情绪，也是为了迎合、接近军部，并且趁机改革不适应扩大经营的家族封闭式体制。

1934年，统制派在陆军中占支配地位，他们重视协调军部与财阀的关系，深知建立高度国防国家不能没有财阀的支持。陆军小册子明确宣布，只要不违反国家的要求，可以"满足个人的创造性和办企业的欲望"。

关东军也在实践中认识到，开发"满洲"离不开财阀的财力，宣布不再排斥财阀投资。对于旧财阀来说，他们看到新兴财阀在化学工业等军需品产业中大发横财，加之自身对外倾销政策四处碰壁，也逐渐扩大了重化学工业的投资。这样便加强了对军需生产和军部的武力夺取市场的依赖，于是财阀与军部在建立"高度国防国家"，在对外侵略、扩大军需生产、加强国内控制等方面利益一致。

至1935年，连一向比较稳健的关西财界也公然主张，外贸谈判已无济于

事，必须"从外省转向军部"，"以军事力量确保东洋市场"。财阀过去是政友会、民政党的后台。政党政治完结后，政、民两党企图联合起来，东山再起，与军部争权夺利。

但从1934年下半年起，财阀主流已不再支持政、民两党联合运动。1936年2月中旬的总选举后，三井已不再向政党提供经费。至此，军部与垄断财阀正式勾结起来。

1934年统制派支配陆军后，对陆军的全面统制尚未确立，统制派与皇道派的斗争异常激烈，尤以统制派与皇道派青年军官之间的斗争更甚。统制派反对武装政变和恐怖暗杀，要求全军"一丝不乱"地服从军部中央的统制，采取军部介入政治的途径，推行自上而下的合法改革。这一立场深得垄断资产阶级的赏识。

但是，皇道派青年军官坚持擅自行动，不放弃用"清君侧之奸"的恐怖手段，对上层施加惩戒与压力，以实现天皇亲政和昭和维新。他们攻击统制派是财阀的走狗。双方展开了统制、压制和反统制、反压制的斗争。

1934年11月，皇道派军官村中孝次、矶部浅一等和陆军士官生图谋政变，被统制派揭发。事后，林铣十郎进行"整军"，清洗皇道派的军官，两派矛盾尖锐化。

1935年7月，林铣陆相得到参谋总长闲院宫的支持，免去皇道派主要头目之一真崎甚三郎的陆军教育总监职务。

统制派与皇道派的明争暗斗日趋白热化。皇道派军官们认为，这是属于统制派的永田军务局长策划的，于是便散发了《关于整肃军队的意见书》《军阀重臣阀的大逆不道》《教育总监更迭情况要点》等攻击永田的秘密文件。受此影响的皇道派军官相泽三郎，于1935年8月12日上午闯进陆军省军务局局长室，大喊一声"天诛"，即把正在听取汇报的永田铁山砍死。相泽被逮捕后声称，他的行动是"奉伊势神宫之神旨"，是"大神附体，进行天诛"。

1936年1月，军法会议公审相泽。皇道派青年军官通过法庭辩护和散发

文书，指责统制派是"军阀""以阴谋为能事之徒"。同时，村中、矶部决心再次发动政变。为了分化皇道派，2月21日，陆军省宣布将皇道派军官较多的第一师团从东京调往中国东北。此举成了皇道派青年军官发动政变的导火线。2月26日，皇道派青年军官在北一辉、西田税等直接领导和指挥下，以"昭和维新"为目标发动了武装叛乱。皇道派军官村中孝次、矶部浅一等20多名青年军官率领1400多名士兵，袭击了首相冈田启介的官邸和其他内阁委员的住宅，杀死藏相高桥是清、内大臣斋藤实、教育总监渡边锭太郎，重伤侍从长官铃木贯太郎，占领了首相官邸、陆相官邸、陆军省、警视厅等处。

叛军还错杀了首相秘书，首相冈田启介得以幸免。叛军打出"尊王讨奸"旗号，当天早晨向陆相川岛义之提出，要求实行维新，充实国防，重用皇道派，惩处统制派。

除了具体的派别人事意见外，他们没有提出实行维新、收拾事态的任何具体主张。他们希望真崎甚三郎或柳川平助出任首相，但认为这是"私议天皇大权"，没有正式提出。兵变之后，他们就静候天皇颁发《维新大诏》，没有任何进一步行动的打算。

陆相川岛听取荒木、真崎的意见，承认叛军为"崛起部队"，叛军的行动是"出于显现国体之至情"，同意上奏天皇。

天皇得知叛乱和大臣被杀后，十分恼怒，严令立即加以平定，并一再催促。统制派和一些上层军官也主张加以镇压。28日夜，陆军部从东京附近调集24000兵力，配有飞机、坦克和大炮，包围叛军。29日，叛军未作抵抗，俯首投降。军内派系斗争是"二·二六"事件的直接起因，而事件的实质则是两派法西斯势力围绕夺取政权而进行的政变。虽然叛乱被镇压下去，但它对日本国家的法西斯政权建立却起了催化和加速作用。

"二·二六"事件被平息后，统制派乘机在军队内部实行大整肃，直接参与"二·二六"事件的80多名军人受到处罚，其中17名骨干分子被处死刑，另有两名民间法西斯分子也被判处死刑。皇道派的军官将被编入预备役，1000多名皇道派官兵被清洗出军队。更重要的是，统制派通过控制军

队，向政府施加压力，一举建立了军部法西斯政权。

冈田内阁在"二·二六"事件发生的当天辞职。叛乱平定后，1936年3月5日广田弘毅受命组阁。陆军自恃平定"二·二六"事件有功，对新内阁提出4项要求：加强国防、明确国体、安定民生、更新外交。6日，将出任陆相的寺内寿一，在统制派重要成员、军事科高级科员武藤章的陪同下，前往组阁本部通知广田，不许吉田茂等自由主义分子入阁，否则陆军将无人出任陆相。

寺内回陆军省后，又发表强硬声明，反对"专事维持现状或妥协退缩"。他声称："采取积极政策以革新国政，是陆军的一致要求。妥协退缩非但不能收拾局面，反而会使事态更加紊乱，以致给将来留下严重祸根。"

广田不得不更换了吉田茂等几名入阁人选，组阁才告成功。

新上台的广田内阁完全成为军部控制和操纵的傀儡。执政伊始，即按照军部的要求和意愿，推行了一系列"积极政策"：

第一，广田内阁在军部的安排下，于1936年5月恢复陆、海军大臣由现役军官专任。这一制度的恢复，为军部控制政权提供了合法手段。军部从此可以肆无忌惮地以派出陆、海军大臣为筹码，干涉内阁的组成，操纵内阁，使之成为军部的应声虫。

第二，为服从法西斯对外扩大侵略的要求，广田内阁把称霸中国大陆和西太平洋提上实践日程。

8月，首、外、藏、陆、海五相会议，通过了《国策基准》，要求以"内求国基之巩固，外谋国运之发展"，"确保帝国于东亚大陆的地位，同时向南方海洋发展"为根本国策。

为此，应"充实国防军备"，"消除北方苏联威胁，并防范英美，实现日'满'华三国之紧密提携"。这是在法律上确认对外侵略扩张政策，为以后发动全面侵华战争和太平洋战争定下了基调。

此前两个月，军部修改通过了《帝国国防方针》，确定了新的扩军计划。该计划规定日本国防所需兵力，陆军是50个师团、142个飞行中队，海军

是主力舰12艘、航空母舰10艘、基地航空部队65个。陆军以此兵力为目标制订了扩充军备的"六年计划",海军制订了"五年间充实必需兵力的第三次补充计划"。

第三,实行准战时财政。广田内阁根据军部的要求,确定了充实国防,更新教育,改革税制,安定民生,振兴产业贸易,确立对苏政策,整顿行政机构等"七大国策"。其核心是适应陆、海军的扩军计划,推进经济准战时化。

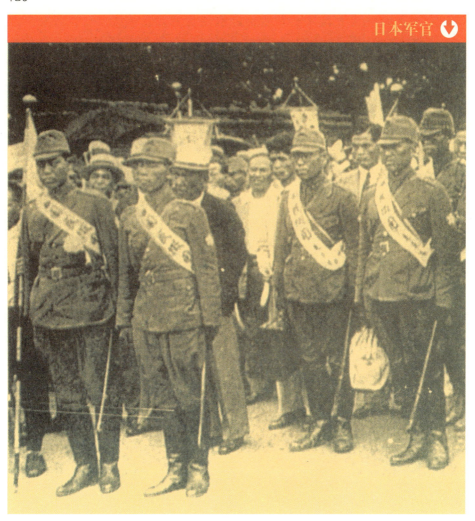
日本军官

　　军部推荐的马场镆一藏相，采取了优先考虑军费、膨胀预算支出的方针，其主持制订的1937年度预算，总额30多亿日元，其中军费14亿日元，两者均比前一年增加1／4左右。从而，进一步推动了日本的高度国防化与经济准战时化进程。

　　第四，与德、意接近，结成法西斯国家侵略集团。为加强与德、意两国提携，牵制苏、英、美，日本于1936年11月与德国签订了《反共产国际协定》。同年10月，德意"柏林—罗马轴心"已形成于前。这样，日本的加盟，便在国际上初步形成了一个国际法西斯主义集团。

　　1937年1月下旬，广田内阁辞职，宇垣一成受命组阁，但遭到陆军的强烈反对，无人出任陆相，宇垣组阁流产。

　　2月，在军部的授意下，林铣十郎上台组阁。兴业银行总裁结城丰太郎任藏相，他又请出原三井领导人池田成彬任日本银行总裁。财政的过分膨胀超过了承受能力，需做某些调整。

　　日本经济联盟要求政府压缩开支，但又声称，加强国防是当务之急，必须确保国防费。财界支持大幅度的军费开支，财界首脑亲自出马主持财政表明垄断财团已与军部结成紧密联盟。

　　军部政治支配地位的确立和军部与垄断资本联盟的最终形成，标志着日本军部法西斯政权的正式确立。

佛朗哥建立
独裁统治

西班牙位于西欧，20世纪30年代前是一个半封建的君主制国家。

1931年4月爆发的资产阶级革命，推翻了君主制度，建立了资产阶级共和国。由于资产阶级力量软弱，新政府虽进行了一些民主改革但不彻底。在意大利法西斯和德国纳粹势力的鼓动下，西班牙右派保皇反动势力猖獗活动。左翼政党也积极开展群众斗争，保卫共和制度，发展民主成果。

1933年1月10日，当革命扩展到南部城市塞维利亚、格拉纳达和赫雷斯城时，整个西班牙不断出现骚动、炸弹爆炸事件和枪战。这些事件的发展促使西班牙政府授权阿萨尼亚总理在必要时宣布实行军事管制法。由于紧张的局势越演越烈，设防在许多地方的全副武装的卫兵实际上已将国家置于军事管制之下。

因为塞维利亚发生骚乱，整个安达卢西亚区陷入瘫痪，塞维处亚省长命令部队看管工人。工团主义者和无政府主义者在巴塞罗那发表了一份《联合宣言》，这个宣言要求造反者中断电话、电报、铁路交通，并且烧掉所有过时的档案。西班牙政府中绝大多数人反对这场革命。

西班牙成立共和国以来，一直处于党派纷争和各种分裂阴谋的阴影中。至1934年10月，这种纷争已升级到内战的边缘。在少数民族区之一的加泰罗尼亚宣告成立共和国的同时，巴塞罗那也设立一个临时中央政府，预备另行成立西班牙联邦共和国，这个临时政府由前总理曼纽·阿札那任主席。

在这次分裂的同时，社会主义分子和工会主义劳工联盟也共同发动大罢工。马德里政府出动大批的军队、大炮和战舰来镇压这场暴动。据一项非官

方的估计，双方约有500人死于战斗中。

继而，在阿斯托里恩又发生另一起分裂行动，此次行动是由社会主义分子策动。他们以同样的军力，并接受一支摩洛哥军团的支持，与马德里政府展开对抗。

这一次工会也号召举行总罢工，但是社会主义分子并未参加讨论这一局势的议会会议。他们的领袖拉哥·卡巴莱洛在15日被捕，但暴动直至23日方平息，许多参与暴动者均被宣布判处死刑，但没有执行。

1935年6月2日，以何塞·迪亚斯为首的西班牙共产党第一次号召成立反法西斯人民同盟，并提出了这个同盟的纲领。1936年1月15日，签订了《人民阵线公约》，参加者有左翼共和党、共和联盟、工人社会党、劳工总会、共产党、工团主义党、社会主义青年联盟和马克思主义统一工党等左派政党和团体。

《人民阵线公约》规定：大赦1933年11月后被捕的政治犯，吸收因政治信仰、维护自由和法制而被解雇的人参加工作；降低赋税，消灭高利贷，减少地租，取缔投机商，鼓励农产品出口；保护民族工业，保护关税，扶助小工商业，执行公共工程计划等等。

《人民阵线公约》得到了人民的广泛拥护和支持，在2月16日举行的全国议会选举中，人民阵线获得胜利。

2月19日，西班牙人民阵线政府建立，由左翼共和党的曼努埃尔·阿萨尼亚组阁。工人社会党和共产党人没有参加政府，但表示支持实行《人民阵线公约》的新政府。西班牙人民阵线政府的建立，是西班牙民主力量对右翼法西斯反动势力的一个重大胜利。

新政府的成立，引起了西班牙反动势力的仇恨。在大地主、大资本家和法西斯势力的支持下，反动军队准备武装叛乱夺取政权，其中反动军官组织"西班牙军事联盟"和法西斯组织"长枪党"起着重要作用。

德国和意大利法西斯分子扩大了对西班牙政治和经济的影响，并答应给叛军以军事物资援助。叛军领袖是圣胡尔霍·萨卡内尔和弗朗西斯科·佛朗

哥。

1936年7月17日，西属摩洛哥首先发难，参加叛乱的35000官兵中有11000名"外籍军团"、14000名摩洛哥雇佣军。

7月18日，西班牙各大城市也发生了暴动，12万官兵和大部分国民警卫军站在叛乱分子一边。

7月20日，萨卡内尔从葡萄牙飞回西班牙途中因飞机失事身死，佛朗哥成为叛乱的魁首。

10月1日，佛朗哥被宣布为"国家元首"和叛军"最高统帅"。他向全国发表广播演说，鼓吹西班牙必须建立强大的极权主义国家，佛朗哥的叛乱挑起了西班牙内战。

内战迅速波及全国。法西斯军队的领导人佛朗哥发誓要继续前进，直至占领马德里。忠于共和政府的军队则奉命与反叛者决一死战，要把马德里以北的瓜达拉马山变成"法西斯的坟墓"。这场战争的爆发使整个欧洲的局势紧张起来。

意大利已派遣飞机前往西属摩洛哥以帮助佛朗哥，使得局势变得更加紧张。法国向英国和意大利发出紧急呼吁，要求召开一个联合会议，将强调在这场战争中保持中立的必要性。但是英国外交部对法国的呼吁反应冷淡。

一份报告说有几百名反叛军官已经被捕，首都局势很紧张。政府官员们宣布，那里食物供应充足，试图以此来安抚民心。但是也警告市民如果他们藏匿食物，囤积居奇，将被告发。忠于共和政府的士兵正保卫首都的水源。

佛朗哥将军自从带着来自摩洛哥的军队在卡的斯登陆并发动了内战之后，已经运动到阿尔赫西拉斯。他正企图沿着海岸去往被称之为叛军大本营的马拉加。

佛朗哥宣称："地球上没有任何力量能够阻止我们胜利的进军，西班牙得救了！"并强烈要求共和政府解散。

此外，在南部前线，右派力量正向塞维利亚挺进。政府军的飞机轰炸了马略尔卡岛上帕尔玛市的叛军阵地。许多叛军企图乘小汽船逃跑，但是被政

府军的潜水艇抓住。

从北部向马德里挺进的叛军已经由于共和政府军队凶猛的反击而减缓下来。政府宣布已经有成千的叛军被处死。

在北部，叛军控制了圣塞瓦斯蒂安周围的乡村。成千的巴斯人参加了叛军，叛军的飞机扫射了圣塞瓦斯蒂安城的街道。虽然政府最近在马德里附近炫耀自己的军事力量，但它的政治力量比起它的军事力量来却相形见绌。佛朗哥在本月早些时候发出的威胁使政局动荡不安，致使西班牙在24小时之内换了3届政府。

此刻德、意法西斯开始插手，不但帮助将叛军从摩洛哥运抵西班牙，还分别派遣5万和15万军队去西班牙协助叛军作战。

英、法等国在"不干涉"政策的名义下，对西班牙政府进行封锁。国际进步力量积极支持西班牙联合政府，来自54个国家的大约35000名志愿人员组成国际纵队，与西班牙人民并肩战斗。

1936年11月6日，佛朗哥叛军和干涉军战争矛头直指马德里。至1937年3

佛朗哥(中)和叛军将领在一起

　　月，叛军先后向马德里发动4次大规模进攻。在西班牙共产党等领导下，马德里守军和人民击退了叛军的进攻，守住了首都。之后，叛军把作战重点转向西班牙北部。

　　1937年4月，叛军主力推向毕尔巴鄂方向，对未加设防的城镇和乡村实施空袭。

　　6月20日，叛军占领毕尔巴鄂，继而向桑坦德、希洪进军。尽管此间共和军进行了两次大规模战略进攻，但未能挽救北部危局。接着，叛军转向东线。

　　1938年3月，叛军突破政府军防线，夺得东线战略主动权。

　　1938年4月19日，佛朗哥敦促忠于共和政府的军队投降。

　　在取得击败政府军和外国支持者的关键性军事胜利后，佛朗哥通过电台向全国发表讲话。佛朗哥说，他已击败了"赤色分子"，但"对其他国家并不怀有任何敌对情绪。我们完全是为文明而战。我们不信任一个民主自由的政权，因为这个政权给西班牙带来的损失太大了"。

　　佛朗哥是在他的部队在地中海沿岸取得胜利后发表这番讲话的。他的部队放弃了对托尔托萨的进攻，转而向南，一路长驱直入逼近比纳罗斯海滩。

　　这一胜利把西班牙实际上分成两半，使忠于共和政府派的大本营巴塞罗那与这个国家的其他地区分隔开来。

　　一支以"林肯—华盛顿营"著称的美国先遣队在反叛者的袭击中惨遭失败。他们根本不是佛朗哥装甲部队的对手。这个营的大部分人在托尔托萨的袭击中丧生，只有极少数幸存者在叛军防线后面发动了游击攻势。其中6人决不投降，在试图游过埃布罗河时淹死。

　　7月25日，政府军在埃布罗河战役中获胜，部分扭转了军事形势。但《慕尼黑协议》的签订助长了德意法西斯支持佛朗哥对共和国的进攻。12月23日，叛军和干涉军开始全面进攻。在敌我力量悬殊的情况下，共和国内部又出现党派纷争，力量削弱。

　　1939年1月26日，佛朗哥的军队胜利进入巴塞罗那。

3月28日，马德里陷落，共和国被倾覆，佛朗哥建立独裁统治。内战中有100多万人死亡，成千上万的群众逃往法国。西班牙内战是第二次世界大战前欧洲最大的流血战争之一，给西班牙人民带来了巨大的损失。

1939年7月，佛朗哥签署法令，制订了新的长枪党章程，强调民族主义和军国主义，逮捕、枪杀共产党人和进步人士。1939年8月颁布新法令，独揽一切立法、行政和司法大权。

他亲自领导内阁，任命内阁部长，批准法令和法律；所有高级官员、将军甚至主教的任命，均必须得到他的同意；取消其他一切政党，宣布法西斯政党长枪党为唯一合法政党。取消工人阶级的工会组织；重组受佛朗哥势力监督的产业工会；恢复天主教会的许多特权，教会对戏剧、出版、书刊实行严格检查；与法西斯德国、意大利建立友好关系；以爱国为招牌，开展仇视犹太人和一切外国人的运动。

根据1940年3月的法律，凡参加共产党和其他任何秘密组织的人犯有罪行，送交"政治责任"特别法庭审讯，被告人无权聘请辩护律师。至1941年年初，有一两百万共产党人和进步人士被关进监狱和集中营。

1947年宣布西班牙为君主国，佛朗哥任终身摄政王。1969年7月，宣布前国王阿方索十三世之孙胡安·卡洛斯为王位继承人。

1975年11月20日，佛朗哥逝世，卡洛斯继位。佛朗哥独裁政权结束。

亚欧硝烟

第二次世界大战的爆发

风云际会的欧洲天空

　　20世纪30年代中期，由于德、日、意法西斯的扩张，引起了国际关系的巨大变化，各国在法西斯的战争威胁面前，纷纷调整自己的对内对外政策，重新确定自己在国际上的地位，并力求找到有益于本国的盟友。法西斯国家德国、意大利和日本则在对外侵略扩张、打破"凡尔赛－华盛顿体系"的过程中走向结盟。

德意日
三国轴心的形成

　　自法西斯产生以后，经1929年至1933年世界经济大危机，法西斯先后在意大利、德国、日本建立政权。

　　法西斯的侵略本性决定了其政权自产生之日起就要为实现全面对外扩张，而竭力打破"凡尔赛—华盛顿体系"的束缚。

　　整个20世纪30年代中期，由于日、德、意法西斯的扩张，国际关系发生了巨大变化，各国在法西斯的战争威胁面前，纷纷调整自己的对内对外政策，重新确定了自己在国际上的地位，由此引起了"凡尔赛—华盛顿体系"的崩溃。

　　法西斯国家则在对外扩张，打破"凡尔赛—华盛顿体系"的过程中走向结盟。

　　首先对"凡尔赛—华盛顿体系"提出挑战的是日本军国主义者。

　　1931年9月，日本悍然派兵侵占中国东北，冲破华盛顿会议《九国公约》的束缚，迈出了武力入侵中国的步伐，打响了打破"凡尔赛—华盛顿体系"的第一炮。这一事件加剧了日本和欧美列强争夺中国的矛盾。

　　1933年，由英法操纵的国际联盟谴责日本对中国东北的侵略，要求日军撤退到满铁附属地和承认中国对"满洲"的主权。于是，出席会议的日本代表，当即退出会议以示"抗议"。

　　3月27日，日本外相正式向国联秘书长发出通知，退出国际联盟。这是日本决心打破华盛顿条约，走向与国际对抗之路的重要步骤。

　　为了重新瓜分世界，日本大肆扩军备战。然而，华盛顿条约对其军备的

限制，却成了其扩军备战的重大障碍。

在退出国联的第二年，即1934年9月7日，日本政府决定废除华盛顿海军裁军条约。

10月23日，英美日裁军预备会议在伦敦召开，日本的扩军要求遭到英美拒绝后，谈判破裂。

12月29日，日本政府正式通告美国，废除华盛顿海军裁军条约。

1935年12月，伦敦裁军会议正式召开，日本在会议不能满足其大规模扩军要求的情况下，于1936年1月15日，宣布退出伦敦裁军会议。至此，日本彻底走上了与国际相对抗的道路，"凡尔赛—华盛顿体系"的一翼已经折断。

在欧洲，随着1933年希特勒在德国上台，纳粹德国走上了公开重新武装的道路。为了实现希特勒称霸世界的梦想，过去那种秘密的、小规模的扩军

墨索里尼、希特勒和东条英机（从右至左）（蜡像）

已经不能满足其需要了。为了重建武装力量，必须打破《凡尔赛和约》对德国军备的限制与监督。

1933年10月14日，法西斯德国退出当时正在举行的国际裁军会议，接着于10月19日又宣布退出国际联盟，成为继日本之后第二个退出国际联盟的国家。退出裁军会议与国际联盟是德国决心摆脱包括《凡尔赛和约》在内的所有国际条约的约束，由秘密扩军转而公开扩军的标志。

1934年8月，希特勒密令在一年内将德国陆军扩充至30万人，海军扩充一倍。1935年3月，德国恢复普遍义务兵役制，并计划建设一支现代化的空军，全国正规军总兵力达12个军、36个师，共55万人。另外，还组织由冲锋队改编的特种部队30万人。希特勒还声称，德国再也不受《凡尔赛和约》的约束了。

1936年，德国着手执行扩充军备的"四年计划"，并在3月派军队重占了莱茵兰非军事区，除掉了其向外侵略扩张的最后障碍。德国进军莱茵兰，撕毁了《洛迦诺公约》，打破了《凡尔赛和约》对德国的限制。3月31日，希特勒在汉堡以胜利者的姿态宣称，"凡尔赛的精神已经被摧毁了"。

日德对"凡尔赛—华盛顿体系"的挑战，尤其是希特勒德国的公开武装，彻底打破了第一次世界大战后奠定的"凡尔赛—华盛顿体系"，从而导致国际政治力量的急剧分化和改组。面对着法西斯国家的威胁，西方一些国家开始调整与苏联的关系，苏联也采取措施摆脱在国际上的孤立状态。

苏联独特的地理位置与作用，越来越受到各国的重视。苏联地处欧亚大陆，为当时世界上唯一的社会主义国家。此时，在空前的资本主义世界经济危机和军事政治冲突的汹涌浪潮中，苏联却一枝独秀，国内经济建设一片欣欣向荣。由于上述原因，苏联成为20世纪30年代国际舞台上一支举足轻重的政治力量，日益引起各国注目。

正如美国著名记者李普曼所说："苏联这个大国处在当代世界两个危险中心——东亚和中欧之间。""苏联是对付侵略的屏障，它在一个大陆上对付军国主义的日本，而在另一个大陆上对付希特勒德国。"

1933年3月，就任美国总统的罗斯福，上台伊始即表示"要想真正改善世界现状，必须实现美苏关系正常化"。在这一构想的指导下，长期拒不承认苏联的美国主动向苏联提出建交要求，并在1933年11月，与苏联正式建立了外交关系。随后深感德国威胁的法国，进一步谋求与苏联共同制约德国。

1934年就任法国外长的巴尔图，提出了旨在防止德国日益增长的侵略扩张危险的《东方公约》，并就缔结《法苏互助条约》开始与苏联接触。尽管巴尔图在1934年10月被暗杀，而使《东方公约》与《法苏互助条约》受阻，但是法国与苏联仍在1935年5月2日在巴黎签订了针对德国的《法苏互助条约》。

德日法西斯的扩军备战和侵略活动，对苏联也造成了越来越严重的威胁。在东方有虎视眈眈的日本，在西方有磨刀霍霍的德国，这种东西夹击之势使它陡增战争的危机感和不安全感。因此，苏联本身也加紧了与西方国家的联系，以摆脱孤立状态。

在与美国建交之后，1933年12月12日，苏共(布)中央作出了关于开展争取集体安全斗争的决定，并同意在一定条件下参加国际联盟。

1934年9月18日，苏联加入国联，并担任国联理事会常任理事国，表明其外交战略已作重大调整。苏联外交目标在欧洲的主要打击方向，由英法转向德国，准备利用国联舞台，推动集体安全体系的建立。

至1935年，随着德国扩军备战步伐的加快，德国对英法等战胜国已构成严重挑战，尤其是与德国为邻的法国，更深切感到来自德国的威胁与压力。但是，法国既不具备单独行动以扭转局势的实力，又不愿接受德国违约的既成事实，它迫切希望加强与英、意的合作，遏制德国的扩军行动。

为此，法国政府在向德国提出抗议的同时，要求国联召开特别会议，讨论德国的违约问题。在国联召开会议之前，法国提议英、法、意三国先进行协商，以便为会议做准备。此时，英国也感受到了德国扩军备战的威胁。

1935年春，英国三军参谋长在国家与帝国防御年度检查报告中强调，英国的国家安全已到了严重危险的程度，至1939年1月1日，英国的安全将不

复存在。意大利为争夺中欧霸权，在奥地利问题上同德国有矛盾，因而在对德政策上同英、法有共同点。基于这一原因，法国的倡议得到了英、意的响应。

1935年4月11日，英、法、意三国在意大利北部的斯特雷萨召开了讨论三国互相保障欧洲和平问题的会议。参加会议的有意大利的墨索里尼，法国总理弗兰亭和外长赖伐尔，英国首相麦克唐纳和外交大臣西蒙。

会议听取了法国宣读的备忘录，它的内容是对德国破坏《凡尔赛和约》的军事条款向国联表示抗议。法国代表还要求英、意共同行动，对德国的违约行为进行经济制裁。但是英、意明确表示拒绝，英国代表西蒙认为，制裁不会发生什么作用，反而会殃及实施制裁的国家。

经过3天的会谈，4月14日英、法、意三国发表了一项联合公报。公报温和地谴责了德国的违约行为，认为这种行为"蔑视了公众对于和平秩序的信任"，是令人遗憾的。三国声明中，他们的目的是"在国际联盟范围维护集体和平"，并紧密合作"用一切实际可行的手段，反对足以危害欧洲和平的片面废除条约的行为"。

斯特雷萨会议的结果，仅仅是发表了一项内容极为一般的公报，但是英法两国外交家们却深信自己在巩固和平方面取得了巨大成就。西欧一些国家的报刊甚至渲染和吹嘘说，英、法、意三国建立了一条保障欧洲和平的"斯特雷萨阵线"。

事实上，这个阵线根本不可能对德国的重新武装起任何抑制作用，英、法、意三国也没有实现真正的合作。

时隔不久，英国即与德国签订了《英德海军协定》，准许德国把海军吨位增加4倍多，达到与法国海军大致相当和更加现代化的水平，引起了法国和意大利的极大不满。"斯特雷萨阵线"瓦解了。

1936年3月，德国出兵重占莱茵兰非军事区。无论在这之前，还是在这之后，英法两国都无以武力阻止德国的毁约行动的决心和勇气，国联行政会议通过的决议也只是谴责德国违背了《凡尔赛和约》的有关条款和《洛迦诺公

约》。这致使希特勒的冒险轻易地取得了成功。

这样，继1931年日本在东方打破华盛顿条约的束缚之后，德国在西方又摧毁了《凡尔赛和约》的精神。至此，第一次世界大战后赖以支撑世界和平的"凡尔赛—华盛顿体系"便土崩瓦解了。

世界各主要大国在"凡尔赛—华盛顿体系"遭到法西斯国家破坏而面临共同的战争威胁面前，虽然进行了种种调整相互关系的尝试，但由于各自的国家利益、战略环境和意识形态的差异，要联合起来限制、对付德日意的威胁还有一段相当漫长的道路要走。尤其是当英、法、美等西方国家转而对德日意的侵略采取绥靖政策的时候，这一联合尚属遥遥无期。而法西斯国家在侵略扩张一致利益的驱使下，却迅速地走向了结盟。

1935年，意大利侵略埃塞俄比亚成为国际格局转换和各国力量重新组合的重大转折点。本来在20世纪30年代初希特勒刚上台时，德、意，德、日之间的关系并不十分融洽。这是因为，在欧洲德意两个法西斯国家有自己的扩张计划，他们在争夺中欧和巴尔干的霸权中有矛盾，尤其在奥地利问题上表现得特别尖锐。奥地利地处欧洲心脏，希特勒早已相中其重要的战略地位，因而竭力鼓吹德奥合并。意大利则把奥地利看成是自己的势力范围，非常忌讳德国染指奥地利。面对希特勒上台后吞并奥地利的活动，1933年3月至8月，墨索里尼数次邀请奥地利总理陶尔斐斯访意，强调"由于奥地利地处中欧心脏和多瑙河流域"，意大利的一贯立场是"必须首先保证其独立"。

1934年2月18日，意大利同英法发表联合宣言，表示在"根据有关条约保持奥地利的独立和完整方面"，三国"持有共同的看法"。

一个月后，意大利同奥地利、匈牙利签订《罗马议定书》，相约在三国中任何一国遭到威胁时，三国将互相磋商对策。希特勒为了协调与意大利的关系，于1934年6月14日至15日，在威尼斯与墨索里尼举行了首次会晤，但由于在奥地利问题上互不相让，仍然没有达成任何协议。

7月25日，在德国策动下，奥地利纳粹党叛乱，刺杀了陶尔斐斯，企图扶植亲德分子上台。墨索里尼对此做出强烈反应，他谴责那些对陶尔斐斯之

死"负有直接、间接责任的人"，下令调集意军4个师驰赴意奥边界勃伦纳山口，以示强烈反对德国乘机兼并奥地利。

1935年，意大利参加英、法的"斯特雷萨阵线"，5月，与法国签订秘密军事协定，决定共同保卫奥地利的独立。

然而，1935年10月开始的意大利侵略埃塞俄比亚的战争却使德、意两个法西斯国家接近了。意大利对埃塞俄比亚的侵略使英、法、德、意欧洲四强的关系格局发生了明显的变化。

意侵埃危及英法在北非和中东的利益，恶化了同英法的矛盾。在英法操纵下的国联，宣布意大利为侵略者并对意大利实行所谓经济制裁。

希特勒乘机笼络意大利，推动德意联盟的建立。他在表面上宣布对意阿战争保持中立，暗地里却给墨索里尼撑腰打气。

德国拒绝参加对意大利的任何制裁，相反，1935年冬希特勒指示增加对意大利急需的燃料供应。德国法西斯的这种举动，赢得了墨索里尼的信任。

侵略野心与经济军事实力非常不相称的意大利，唯有取得德国的支持，才能摆脱在国际上的孤立地位，实现其在地中海和非洲的扩张计划。

用墨索里尼本人的话说就是，"意大利的唯一出路就是同德国结盟"。因此，意大利开始修正其外交政策，向德国靠拢，从此改变了对德国吞并奥地利的态度。

1936年7月11日，德国与奥地利签订协议，强迫奥地利服从德国的对外政策，允许奥地利的民族社会主义者和移居该国的德国侨民团体恢复政治活动，从而为德国吞并奥地利创造了条件。一贯反对德国吞并奥地利的意大利，不但没有表示反对，反而对协定的签订感到满意。

这样，经过意埃战争，德意两国开始妥协，并迈出了勾结的第一步。欧洲四强的关系格局正如丘吉尔所评论的："德国已不再孤立。欧洲4个强国，从前是3∶1，现在却变成2∶2了。"

就在这一年，德意法西斯公开合流，第一次采取共同侵略立场，联合干涉西班牙内战。这一行动进一步密切了德意法西斯的关系，使英法最终失去

了同意大利重修旧好的机会。为了进一步加强同意大利的关系，1936年8月下旬，希特勒派遣意大利国王的女婿、纳粹党重要领导人达西亚亲王，作为他的特使秘密前往罗马拜会墨索里尼。

9月23日，希特勒又派亲信汉斯·弗兰克访问罗马，向墨索里尼转达了希特勒邀请他访问德国的愿望，并谈判"德国和意大利越来越紧密合作的必要性"。10月20日，意大利外长齐亚诺前往柏林。次日，他在柏林开始和德国外长牛赖特进行谈判。10月24日，签订了秘密协定，即德意柏林协定。其主要内容是：

德国正式承认意大利兼并埃塞俄比亚；双方共同承认西班牙佛朗哥政府并加强对它的军事援助；在不干涉委员会内采取共同行动方针；在多瑙河流域和巴尔干地区划分两国的势力范围。而德国也承认意大利有权成为地中海地区的主人；相互协作，发展两国空军。

德意柏林协定的签订，标志着德意法西斯同盟的初步形成。

11月1日，墨索里尼在米兰教堂广场发表轰动一时的演说，声明："柏林会晤的成果是两国在某些问题上取得了谅解"，"柏林—罗马垂直线是一个轴心，可以在这个轴心周围团结所有愿意进行合作和维护和平的欧洲国家。"这充分暴露了法西斯国家欲以武力征服世界的贪婪野心。至此，"柏林—罗马轴心"正式确立。

柏林协定的签订，使德国在欧洲有了盟友，但这还远远不够，它还需要在东方能够牵制苏联与英美的日本，构成法西斯同盟的另一翼。德国与日本的结盟尝试在德意接触之前就开始了。早在1933年年初，希特勒就明确提出了与日本建立密切关系的问题。他认为，除了德国和意大利外，只有日本才是"能够对抗世界威胁的力量"。他还曾同里宾特洛甫就"是否能够以这种或那种形式同日本建立更为紧密的联系的问题"进行了讨论。此时，日本法

西斯通过发动"九一八"事变走上与世界对抗之路后，在国际上空前孤立，也迫切需要"再次在世界强有力的国家中寻找朋友"，其眼光很快转向了正在欧洲迅速重新崛起的德国。

1933年2月，日本退出国联时，外务省欧亚局局长东乡茂德在提交广田外相的《退出国际联盟后帝国对欧美的外交方针》中提议："在日德关系上，利用极右党掌权的机会，努力使它了解我国在远东的立场，同时促进日德学术文化的接触和了解，以便把德国引到我方。"

同时，松冈洋右在德国的报刊上表示，德国是"历史上唯一同日本的历史发展道路有如此之多的相似之处，并同样在争取世界承认自身地位的国家"。出于相互利用的需要，日德关系很快转热。

1934年3月，日本派出"德国通"大岛浩为驻德武官，6月，日本成立了日德协会和旅德日本人协会，11月，在京都成立日德文化研究所等学术团体。1934年和1935年，日本多次派军舰访问德国，以示对德友好。

1935年春，德日两国法西斯政府就建立同盟问题开始进行试探和接触性谈判。最初的接触是在德国外交官哈克和日本驻柏林武官极端亲德分子大岛浩之间进行的。

哈克提议在两国间缔结针对苏联的防务协定，大岛向日军参谋部请示后表示同意，并希望就协定的范围、内容和形式作更详细的研究。

1935年年底，日本又派出参谋部情报部德国组长若松前往德国活动，先后与里宾特洛甫和德国国防部长勃洛姆堡会谈。1936年"二二六"事件后，日本军部法西斯政权确立，大大推动了德日同盟的建立。

4月，主张日德亲善的有田八郎出任外相后，致电日本驻德大使武者小路："各种情况表明，有必要在日德间建立更为密切的关系。"日德之间的谈判遂改由武者小路和里宾特洛甫通过外交途径进行。

同年5月，德国政府拟定了由希特勒亲自修订的德日协定草案和一份秘密附件。7月，德国正式向日方提出了《反共产国际协定》草案文本和秘密附件。8月7日，日本内阁召开会议，通过了《帝国外交方针》，决定实现日德

合作。10月23日，日本驻柏林大使武者小路与德国代表里宾特洛甫代表本国政府草签协定。

11月25日，正式在柏林签订《反共产国际协定》。协定之所以采用这个名称，同希特勒的反动策略手法有关。他充分地利用了英法统治集团惧怕共产主义的心理，以减少英法对其侵略扩张的阻力。

正如希特勒对他的党羽所说的："我们必须利用布尔什维克主义的幽灵来遏制《凡尔赛和约》诸国，要使他们相信，德国是反对赤祸的决定性堡垒。这是我们渡过危机、摆脱《凡尔赛和约》和重新武装的唯一方法。"

协定的主要内容有两条：

一是缔约国相约对于共产国际的活动相互通报，并协议关于必要的防止措施，并且紧密合作，以完成上述措施；二是缔约国对于因共产国际的破坏工作而国内安宁感受威胁的第三国，应根据本协定的规定，采取防止措施，或共同邀请加入本协定。

在缔结协定时，根据德国的要求，德日双方又签署了一个直接反对苏联的秘密附件。双方约定：

缔约国一方无故遭受苏联进攻或进攻威胁时，不采取任何有利于苏联的行动，并应立即着手讨论保护共同利益的措施；两国保证在条约5年的有效期内，未经缔约国同意，不得与苏联缔结与本协定精神相抵触的任何政治性条约。

《反共产国际协定》的缔结，表明日本法西斯与纳粹德国在侵略扩张的共同利益下，走向结盟的开始。

这一协定虽然打着"反共"的旗号，但其矛头并不仅仅指向苏联和各国的革命运动，其主要的目的还是以此为烟幕，掩盖他们同英法美争夺势力范

第二次世界大战的爆发

077

围，最终建立世界霸权的狂妄野心。

里宾特洛甫在协定签订后表示："形式上我们还要把苏联当做主要敌人，而实际上，我们完全应该把英国当做主要敌人。"

当时，日本驻英大使吉田茂也认为："尽管日本军部说防共协定只不过是反共的意识形态问题，但这个完全是表面上的借口，骨子里显然是要和德意联合起来对抗英法，并进而对抗美国。"

正因为如此，协定签订后，德国在致日本的秘密照会中强调，它认为德苏之间现有的那些在法律上仍然有效的条约，如1922年《拉巴洛条约》和1926年的《友好中立条约》，其各项条款与《反共产国际协定》的精神及由此产生的义务是不相抵触的。

在德日签订《反共产国际协定》之后，希特勒急需将意大利拉进协定，结成较为稳固的集团。但是，意大利仍希望抬高自己在盟约中的地位，促使德国在殖民地、政治和其他方面给意大利以优厚的报酬，因此，并不急于加入协定。

相反，意大利在1937年1月与英国缔结了彼此承认在地中海利益的"君子协定"。这使希特勒大为不安。1937年年初，他连续向罗马派去了戈林等一些重要使节拜会墨索里尼，并热情邀请墨索里尼访问德国。

1937年9月25日，墨索里尼接受了希特勒的邀请，第一次访问德国。

访德期间，墨索里尼公开向希特勒保证，意德两国"要共同奋斗到底"，"坚定不移地继续意德合作"。

在一次群众集会上，墨索里尼洋洋自得地发表了一通好战言论，他说："当言词不足以达到目的，情况又紧迫的时候，人们就不得不拿起武器。我们在西班牙就是这样干的。"

通过为期4天的访问，墨索里尼坚定了与纳粹德国为伍的决心，并决定参加《反共产国际协定》。11月6日，德、意、日三国代表在罗马签订了《关于意大利加入反共产国际协定的议定书》，从而形成了柏林—罗马—东京轴心。希特勒得意地宣称：

三个国家联合起来了，起初是欧洲轴心，现在是世界的大三角。这个三角主要是针对着我们的敌人，即英、法、美。这个三角，并不是由三个微弱的幻影组成的，而是由三个大国组成，准备并决定实现他们的权利和确保他们的生死利益。

齐亚诺在签署《反共产国际协定》的当天的日记中写道："像意大利、德国和日本这样的三个军事帝国结盟，在军事均势方面具有前所未有的重要意义。伦敦应当重新考虑它的所有立场。"

德日意三国轴心的建立，标志着法西斯侵略集团的初步形成，它是三个法西斯国家进一步加紧勾结，准备发动世界大战的重要战略步骤。它的建立助长了法西斯国家的侵略气焰，壮大了侵略者的声势，为法西斯国家发动战争创造了重要前提。

希特勒在轴心建立后露骨地宣称："缔结同盟的目的如果不包括战争，这种同盟就毫无意义、毫无价值。我们缔结同盟只是为了进行战争。"

德国意大利
军事同盟建立

1937年11月6日，意大利和德日两国签订《关于意大利加入德日反共产国际协定的议定书》。至此，德、意、日侵略同盟初步形成。但《反共产国际协定》并没有明确规定相互之间承担的军事义务，从本质上说，该协定只是三个法西斯国家为了摆脱自己的外交孤立而签订的政治条约。

随着它们经济、军事实力的增长，其对外侵略扩张的野心也急剧膨胀。但是德、意、日三国中，没有一个国家能够单单依靠自己的力量夺取世界霸权。出于争霸和对外侵略的需要，德、意、日都认为有必要把三国轴心协定变为政治军事同盟。

1938年1月2日，里宾特洛甫在向希特勒提出的一份备忘录中，建议德国争取同日、意结成紧密同盟，以牵制英国的军事力量，便于德国在欧陆扩张。不久，里宾特洛甫通过亲德的日本驻德陆国武官大岛浩，向日本建议缔结一个既针对苏联，又针对西方国家的军事同盟条约。为讨日本的欢心，德国向日本做出一系列友善表示。

2月，德国停止向中国出售武器，同时承认日本一手制造的伪满洲国；7月，德国召回在华军事顾问。日本政府对德国的建议意见不一，外务省和海军主张同盟条约应仅仅针对苏联，而不是针对英法。他们认为，军事力量陷入中国战场的日本，外交上日趋孤立，不宜再与西方国家为敌。而陆军和外务省里的革新派则主张，接受德国的建议。他们认为同德意缔结军事同盟，有利于挫退苏联介入日中战争，"使英国抛弃亲蒋援华政策"，并"使美国至少保持中立态度，可能的话，诱使其倾向亲日"。这样，日本就可以在东

亚放手行动。争论的结果，外务省的意见占了上风。1938年7月初，大岛浩答复里宾特洛甫，日本只同意缔结在采取对付苏联攻击的行动前进行协商的协定。

里宾特洛甫迅即回复大岛浩，德国希望缔结的德、日、意军事条约针对的目标不仅限于苏联，也包括英法，而且要规定相互之间的政治、外交和军事义务。7月19日，日本五相会议，决定了加强日、德、意合作的方针。

8月12日，五相会议决定讨论外务省制订的草案，但因陆相板垣征四郎主张接受《里宾特洛甫方案》，审议被迫延期。

8月26日，日本五相会议通过了外务省经过修改的方案。该方案主张在前言中写上，"加强防御共产主义在各地的破坏"，防卫对象仅限于苏联，并将原案中的自动参战义务改为经过协商决定。

但外务省与陆军对修正案有不同解释。前者的解释是以苏联一国为对象，而后者的解释则是主要针对苏联，但不排除以"第三国"为对象，并以此精神向驻外机构发出了训令。为统一解释，外务省于9月9日制订修正案，并提请陆、海、外三省协议会审议。

但陆军方面认为，修正案把对象明确限于苏联，冲淡了军事同盟的性质，这是对8月26日五相会议决定的主要精神的"阉割"，拒绝参加审议。至此，德日关于军事条约的谈判陷入僵局。

虽然早在1937年德意秘密经济协定书签订后，意大利的军事情报处就开始向德国提供情报，但德国同意大利缔结军事同盟的谈判同日本的谈判相比要稍晚一些。

1937年9月，墨索里尼访问德国，1938年5月，希特勒回访意大利。在这次访问期间，希特勒向墨索里尼提出签订军事互助条约的问题。但4月16日英意协定刚刚签字，根据协定，英国答应意大利可以在埃塞俄比亚和西班牙自由行动。墨索里尼不愿立即得罪英国，还无意接受这项条约。

这种情况没有维持多久，到慕尼黑会议召开时，墨索里尼的态度已有所变化，尽管依然不愿明确表示接受德国关于缔结包括日本在内的军事同盟的

建议。

1938年9月29日晨，希特勒去德奥边境的库夫施泰迎接墨索里尼。在去慕尼黑的火车上，希特勒对墨索里尼说："终有一日我们要并肩对英国和法国作战。"墨索里尼表示同意。会议期间，德国还将德、日、意军事同盟条约草案交给了意大利。

10月28日，里宾特洛甫访问罗马，目的是说服墨索里尼签订《三国军事同盟条约》。

他说：

元首深信，我们不可避免地必须估计到在几年之内也许在3年或4年之内同西方民主国家发生战争，捷克危机已经表明了我们的力量！我们处于能先发制敌的有利地位，并且能完全掌握局面。我们是不会受人进攻的。军事形势好到无与伦比，从1939年9月起，我们就可以同各民主大国打仗了。

墨索里尼表示，不能缔结单纯的防御同盟，要缔结一个"足以改变世界地图的同盟"。

里宾特洛甫表示支持墨索里尼关于同盟性质的看法，并许愿说，德国将努力使地中海成为"意大利海"。据齐亚诺看，此时德国外交部长的心思"完全都在"战争上。10月15日，反对德日军事条约谈判的日驻德大使东乡茂德调任驻莫斯科大使，大岛浩接任日驻德大使职务。

10月27日，里宾特洛甫趁此机会向大岛浩表示，德国准备在军事援助等问题上向日本让步，但条约的针对目标应包括英法。

11月1日，德国正式提出条约草案。

11月11日，日本五相会议决定促进《三国军事同盟条约》早日缔结。新外相有田八郎作了谅解性说明：本协定主要是针对苏联，但英法等国一旦站在苏联方面则即成为对象，英法等国本身并不是对象。

外务省据此制订了第二次修正案。但大岛浩对此案极力反对，认为与8月26日五相会议精神相去甚远，已经按照以"第三国"为对象的方针，向德国提出谈判，现又变卦，"事关我国威信"。因陆相与外相意见相左，日本政府对如何回复大岛浩，得不出一致意见。

但是，意大利独裁者对缔结军事同盟的态度同日本政府相比积极得多。

墨索里尼认为，同英法发生冲突不可避免，希望能与德日结成军事上的同盟。1939年1月，他对齐亚诺说，决定接受里宾特洛甫关于把三国《反共产国际协定》变成军事同盟条约，并希望在1月份就能签订这项条约。

希特勒对墨索里尼的态度表示满意，并希望加快步伐迅速缔约。

1月6日，德国向意大利和日本重新提出《三国军事同盟条约》方案。此时，日军已占领武汉和广州，英国在华利益受到进一步损害。

1月14日，英法声明不承认日本的行动，表示将捍卫自己在华利益。日英矛盾的加剧使日本对三国军事同盟的态度有所改变。里宾特洛甫、大岛浩和齐亚诺经直接磋商，草拟了三国条约的文本。

在里宾特洛甫和齐亚诺看来，签订条约似乎已不成问题了，因为剩下来的只是技术性问题。他们预定于1月28日签订这项条约。

但是，他们想得太简单了。1月19日，日本五相会议通过了外相提出的如下方针：

> 三国同盟是针对苏联的，但根据情况也针对"第三国"；军事援助及援助的程度将视情而定，并声明这只是反共产国际条约的延伸。

为向日本驻意德两国大使传达政府的这一精神，2月下旬日本政府派遣由外务省、陆军部和海军部组成的特使团前往罗马和柏林。德国不满意日本的保留态度，谈判再度搁浅。捷克斯洛伐克被德国侵占后，欧洲局势日趋紧张。1939年4月，英法苏三国开始结盟谈判。日本政府担心，如果英法苏结

盟，而日本仍游离于法西斯军事集团之外，处境将会十分不利。同时，德国也可能与苏联结盟对日本施压。

在这种情况下，日本首相平沼于5月14日致函希特勒和墨索里尼，表示"即使德国遭到苏联以外的一个或数个国家的攻击，日本也决定提供政治、经济援助与军事声援"。但日本仍借口准备不足，拒绝一旦德国与西方国家发生冲突立即提供支援。

日本政府对缔结三国同盟的态度抬高了意大利在德国人心目中的身价。虽然德国的高级将领对意大利的军事实力评价很低，但希特勒现在却急于要同意大利结成军事同盟。

从1939年4月份起，两国最高统帅部参谋人员就开始了谈判。在凯特尔看来，无论是意大利的部队还是它的军备，都情况不佳。他认为，要打仗就得当机立断，不然意大利人就不会参加了。

4月15日，苏、英、法三国开始在莫斯科进行政治谈判。苏联和西方国家为了建立抵抗德国的防御阵线而做出的种种努力使希特勒很恼火，他决定加速德意结盟谈判的进程。

5月6日，德意两国外长在米兰会面。由于意大利人估计德国对波兰的行动已"迫在眉睫"，在谈判中，齐亚诺便根据墨索里尼的指示，强调意大利至少在3年之内希望避免战争。

里宾特洛甫表示，德国也希望能维持这么久的和平。这种德国人不希望马上打仗的表示，显然使意大利人感到满意。双方商定立即缔结一项德意同盟条约。

5月22日，里宾特洛甫和齐亚诺在柏林总理府签订了《德国和意大利同盟条约》，即所谓《钢铁盟约》。条约主要内容是：

> 如缔约国之一的安全或其他重大利益受到外来的威胁时，缔约的另一方将给予受威胁的一方充分的政治上和外交上的支持，以消除该威胁。

如果违反缔约双方的愿望而发生其中一方陷入与另一个或几个国家的军事纠纷之中时，则另一个缔约国应立即以盟国的身份以其全部军事力量在地面、海上和空中予以援助和支持。

两缔约国一经共同作战，两国中的任何一国都不得单独停战或请和。

这是一个地地道道的侵略性军事同盟条约。其侵略性质突出地表现在希特勒一定要放在序言中的一句话上：两国人民"因其世界观内在的血缘关系及其利益上的广泛一致性，相互紧密地团结在一起，为保障他们的生存空间和维护和平而共同奋斗"。

德意军事同盟条约的签订，使两个法西斯国家的命运更加紧密地联系在一起，这是法西斯侵略集团在通向世界大战的道路上迈出的重要一步。

英国和法国
军事同盟形成

在欧陆争霸问题上，英国一贯坚持帕麦斯顿的原则："我们没有永久的同盟者和永久的敌人，我们只有经常不变的永久利益，我们的行动就应该以这些利益为转移。"

《凡尔赛和约》确立了法国对德国的优势，奠定了法国在欧陆的霸权地位。这时的法国拥有欧洲最强大的陆军，并建立了协约国体制，成了英国最危险的竞争者。

扶德抑法，在法德之间确立一种既相互冲突又彼此牵制的关系，借以维护自己在欧洲的仲裁国地位，是英国在第一次世界大战后很长一个时期内所追求的目标。

英法在欧洲争夺霸权构成了整个20世纪20年代至30年代初期欧洲国际关系的主要矛盾。但是，随着法西斯德国巧妙利用英法争霸这一深刻矛盾争取英国的支持而达到毁约扩军，增强经济、军事实力，并与日本和意大利建立侵略同盟之后，英法同德意的矛盾逐渐成为主要矛盾，而英法之间的矛盾则退居次要地位。

为既得利益和自身安全，英法的立场逐渐趋于一致。

1936年3月7日，德国违反《洛迦诺公约》，派兵重占莱茵兰非军事区。3月19日，英法两国在伦敦举行参谋部人员会议，双方达成协议，决定："建立联系，以便对那种遭到无端的侵略而要采取战争措施的技术条件做好准备。"

1937年，英法两国军事人员进行互访，双方军事合作有所加强。12月，

法国空军部长前往伦敦与英国空军部长进行会谈，决定派一个技术代表团去英国研究空军建设问题。

1938年1月底，法国技术代表团到英国进行了为期一个多星期的访问。

3月，德国吞并了奥地利，从而使德国处于可以从三面包围捷克斯洛伐克的有利地位。

法国陆军总司令甘末林在事前指出，一旦德国人完成了他们莱茵河的防线，他们将成为中欧的主人，因为我们那时将无法再进行有效的干涉。

面对这种情况，英法加快了军事合作的步伐。

4月4日，法国陆军总司令甘末林建议：立即同英国进行军事谈判，以求达成建立联合参谋部的协议。此外，还考虑扩大两国军事合作范围，将现在空军方面的合作也扩展到陆军和海军方面去。

4月24日，英法两国就建立军事同盟在巴黎举行会谈。双方对政治合作的范围、军事手段、指挥和军事行动等方面的问题进行了有益的讨论。

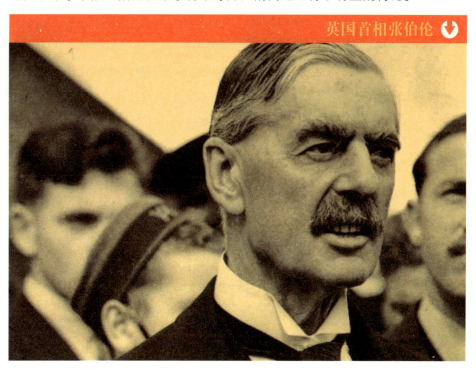
英国首相张伯伦

　　双方认为，必须建立一个由两国政治官员和军事首脑组成的战争领导组织，该组织担负的任务是：协调两国的外交政策；制订相互配合的补给、运输和生产计划；确定发起行动的共同指令；在法国面临德国和意大利进攻的情况下，英国必须承担援助法国的义务。

　　双方还认为，应建立一个战争联合指挥机关，统一进行作战指挥，发布军事命令。

　　4月28日、29日，张伯伦、哈利法克斯同达拉第和博内进行了会谈，两国政府首脑商定了双方进行军事谈判的原则。

　　5月23日，英国作战与情报机构负责人接见法国驻英武官。后者被告知说，4月末两国政府首脑的会谈使重新开始中断的1936年的会谈不再存在任何困难。英方提议派一名英国军官去参观法国的登陆港口，以便实施1936年协议中的英国向法国派遣远征军的条款，并答应就战争物资交换情报。

　　此时，为使英法两国可以集中力量来应付中欧的事变。英国政府正在谋求同意大利在地中海问题上取得和解。

　　1938年4月16日，英意两国签订了一个协定。该协定实质上是英国让意大利在埃塞俄比亚和西班牙自由行动，想以此来打动意大利，使其在中欧问题上表示出善意。

　　而此时的法国则认为，意大利怀有侵略企图，它已成为法国的冤家对头。这种意见分歧当然也会反映到两国的军事谈判中来。但好在双方都一致认为其主要威胁来自德国，这种分歧并未影响两国加强军事合作。

　　在1938年9月捷克危机期间，法国政府曾询问英国政府，法国能得到何种军事援助。英国答复说，在战争开始6个月里，可派出两个非机械化师和150架飞机。

　　9月27日，张伯伦同法国代表会晤时说："我们现在知道，捷克斯洛伐克政府决意抵抗。法国政府已明确表示，如果发生这种情况，它将履行其条约义务。我们曾多次公开申明，我们不能对法国遭受德国影响或征服视而不见。如果法国处境危机，我们将出兵援助。英国政府将说到做到，决不会自

食其言。"

11月下半月，张伯伦会见了达拉第。两国政府首脑就各自的备战情况交换了意见。

达拉第说，法国政府正在发展军火生产，1938年法国拥有飞机2600架，准备今后每月生产400架。

张伯伦则说，至1939年夏末，英国将每月生产700架至800架飞机。

12月，里宾特洛甫和沙赫特访问巴黎，此行的表面目的是签订《德法宣言》，但更深层的动机却是离间英法关系。但从访问的结果来看，后一目的并未达到。

会谈中，法国外长博内一再强调英法团结的根本重要性和不可动摇性。明确指出，从长远来说，德法关系的真正改善，如果不同时存在与此相平行的英德关系的改善的话，那是不可思议的。慕尼黑已使法国在东欧的主要盟国捷克斯洛伐克遭到肢解，法国经多年苦心经营在东欧同波兰、南斯拉夫和罗马尼亚建立起来的同盟也处在风雨飘摇之中，法国不能再失去英国。

慕尼黑会议后，英法等西方国家以为德国的矛头可能会指向乌克兰，但在新年到来的时候，却传来越来越令人不安的消息。

1939年1月30日，英国驻巴黎武官报告说，根据法国总参谋部的材料，希特勒即将进攻西方，而不是东方。同月，英国政府向美国总统罗斯福通报说，英国政府掌握了德国有可能在东方战役开始之前，向西方国家发动进攻的情报。面对德国日益严重的威胁，张伯伦于1939年2月6日发表了《英法团结声明》。声明说：

> 利益上的一致，把法国和我国联系在一起，因此，任何危及法国切身利益的威胁，不管它来自何方，都不可避免地会迫使我国向法国提供援助。

2月10日，法国政府表示，如果英国由于德国入侵荷兰而卷入战争，它将

支持英国，如果因德国入侵瑞士而发生战争，英国政府则应给予法国对应的支持保证。

与此同时，英法政府决定，他们的参谋本部之间的对话必须比过去范围更广，性质更加亲密。

3月，德国出兵占领整个捷克斯洛伐克。此举不但使德国的军事、经济实力都有了很大增长，而且侵略行动的又一次轻易得手进一步刺激了希特勒的侵略野心，促使他更快地采取下一个行动。

在争霸斗争中，英法所面对的形势更加险恶。这时，英法统治集团中越来越多的人认识到，一味妥协退让是满足不了希特勒的野心的，而且时至今日，英法已到了退无可退的地步。

为商议对策、协调行动，法国总统勒布伦和外长博内于3月21日出访英国。在两国外长的会谈中，哈利法克斯深有感触地说："只要纳粹分子还在执政，欧洲和平的希望就是渺茫的。"双方就对德作战时相互支援的措施和在对德作战中"波兰的突出意义"交换了意见。

3月22日，勒布伦、张伯伦参加了会谈。双方相互通报了飞机生产情况。同日，英法互换照会。照会规定，当一方遭到侵略时，另一方有提供军事援助的义务。照会还规定对比利时和荷兰的安全提供保证。英法军事同盟遂告形成。

英法苏德举行
多重谈判

德意军事同盟条约签订之后，德日之间的缔约谈判仍在继续进行。为解决两线作战的问题，德国加紧了与苏联的谈判。与此同时，德国也重新开通了与英国谈判的渠道。

面临战争威胁的英、法、苏三国为对付侵略，从1939年4月起也开始了结盟谈判。这就是在战争危机不断加剧的情况下，1939年春夏在欧洲外交舞台上出现的多种谈判并举的局面，各种力量相互之间展开的决定命运的激烈斗争。

1939年3月18日，英国驻莫斯科大使西兹奉政府之命拜会苏联外交人民委员里维诺夫，询问如果德国入侵罗马尼亚，苏联将采取什么样的立场。

作为答复，苏联政府建议召开苏、英、法、罗、波、土六国会议，讨论采取共同行动制止德国侵略的问题。

3月21日，英国外交大臣哈利法克斯对苏联驻英国大使迈斯基说，召开这样的会议为时过早，从而拒绝了苏联的建议。

同日，西兹向里维诺夫递交了一份英国政府准备同苏、法、波三国签署的宣言草案。宣言称，"构成一项对任何欧洲国家的政治独立的威胁的任何行动"，都是同宣言参加国密切相关的事情。

在这种情况下，各宣言参加国应"立即共同协商应采取的步骤，以便提供对任何这种行动的联合抵抗"。

虽然苏联政府认为，发表这样一项宣言并不会有多大作用，但毕竟是一项积极行动，便表示同意，并建议宣言应由四国总理和外长签署，以增加宣

言的分量。

3月23日，苏驻英大使将这一意见通知了英国外交部。

但是，4月1日，建议发起者英国政府又突然变卦，声明，它认为宣言的问题已成为过去。显然，埋藏在张伯伦心中的根深蒂固的对苏敌视和偏见在起作用。

3月26日，张伯伦在其日记中写道：

> 我必须承认对苏联极不信任，我不相信它有能力维持有效的攻势，即使它想这样做。而且，我怀疑它的动机。在我看来，这些动机与我们的自由思想几乎没有什么联系，并且它只关心把别人搞得人人不和。

◐ 张伯伦炫耀《慕尼黑协定》

另外，波兰不赞成签署《四国宣言》，建议立即签订一项秘密的英波磋商协定的做法也恰恰成了张伯伦拒绝与苏联合作的借口。

苏联本来就对长期将苏联排斥于欧洲事务之外，一心要和德意做交易的英法政府极不信任。英国现在这种朝三暮四的做法，更增加了苏联这种不信任感。无疑，这为谈判的失败埋下了种子。

由于时局日趋紧张，英国国内要求与苏联结盟的呼声越来越高，英国政府决定恢复与苏联的谈判。

4月14日，英国政府建议苏联发表公开声明："一旦对苏联某一个欧洲邻国发生侵略行为，只要这个国家起来抵抗，就可以指望得到苏联政府的援助，如果需要这种援助，将通过最方便的途径提供。"建议要求苏联在其欧洲任何一个邻国遭到侵略时必须承担援助义务，但对一旦苏联遭到德国侵略时，苏联的这些邻国和英法两国应承担的义务未作任何规定。

此外，英法已对苏联的两个邻国波兰和罗马尼亚提供保证，一旦波、罗两国遭受侵略，不但可以得到苏联的援助，而且还可以指望同其他两个大国共同与侵略者作战。但是，假如芬兰、爱沙尼亚或拉脱维亚遭受侵略，苏联却不能指望得到英法方面的支持。

这样做只能促使德国进攻苏联国土，因为这无异于为希特勒指明了进攻苏联的方向。

法国所处的地理位置比英国更易遭受德国的入侵。虽然英法业已结盟，英国也已经对波、罗两国提供保证，但没有苏联的合作，法国在欧洲大陆上的战略态势无法从根本上得到改善，也不能制止希特勒即将发动的战争。所以，法国政府在英、法、苏三国谈判中和英国相比，态度积极一些。

与英国相比，4月14日，法国提出的建议较为合理。法国外长博内表示，法国愿意以两国互换信件的形式补充1935年的《法苏互助条约》，并建议，如果其中一方由于援助波兰或罗马尼亚而同德国处于战争状态，双方应立即相互支持和援助。

法国的建议虽然因不提对波罗的海沿岸的苏联邻国遭受侵略和苏联直接

遭受侵略时承担义务的问题有其局限性，却包含着英国建议中所没有的相互因素。但是非常不幸的是，法国没有独立的外交政策，完全听命于伦敦。这种较为积极的态度虽然时有表现，但在英国的压力下很快便与英国的立场趋于一致。

4月17日和18日，苏联政府分别向英国政府和法国政府递交了自己的建议，其主要内容是：

一是英、法、苏三国缔结为期5年至10年的盟约，彼此承担在欧洲一旦发生反对缔约一方的侵略时提供军事援助的义务。

二是英、法、苏三国保证，当位于波罗的海和黑海之间与苏联接壤的东欧国家遭受侵略时，将向这些国家提供包括军事援助在内的一切援助。

三是英、法、苏三国应在最短期间内，讨论和确定在上述两种情况下进行军事援助的规模和方法。同时规定了《三国盟约》与《军事援助协定》同时签署。缔约各方保证，在军事行动开始后，三国未经一致同意，不得单独同侵略者谈判和请和。

苏联的建议消除了英国建议中的诸多弊端，体现了缔约国之间的平等互利原则，为缔结真正有效的同盟条约提供了基础。

正是由于苏联的建议使缔约国相互承担义务，不但对波、罗两国，而且也对苏联的其他欧洲邻国芬兰、爱沙尼亚和拉脱维亚都承担援助义务，使英法祸水东引的险恶用心难以得逞。所以，苏联的建议完全不合张伯伦的胃口。

对苏联的建议，张伯伦开始不想理睬。但后来由于议会内要求与苏联合作的一派的压力、宣传媒介的推动，加之5月初苏联外长易人和苏德谈判的传闻，英国政府才于5月8日向苏联递交了一份备忘录，再次建议苏联单方面承担援助西方国家的义务。

5月14日，苏联新外长莫洛托夫向英国驻莫斯科大使西兹递送了苏联政府的答复，指出英国建议的不合理性，重申建议的立场。

莫洛托夫认为，为了建立爱好和平国家的有效屏障以防御在欧洲进一步发动侵略，至少必须具备3个条件：

一是英法苏三国签订一项有效的反侵略互助条约。

二是上述三大国向中欧和东欧各国，其中包括拉脱维亚、爱沙尼亚和芬兰，提供保证。

三是英法苏三国签订关于相互间以及对受保证国提供援助的方式和规模的具体协定，没有这种协定，就像过去捷克斯洛伐克的教训所表明的那样，互助协定就有成为一纸空文的危险。

5月19日，在英国下院的辩论中，丘吉尔、劳合·乔治、艾登、艾德礼和辛克莱等人，都力促政府必须根据平等的条件同苏联订立最广泛的协定。

丘吉尔说："我始终不能理解是什么理由阻碍同俄国达成协议。毫无疑问，俄国政府所提出的建议，是想成立反侵略的英、法、俄'三国同盟'。联盟的目的，只是为了抵抗将来发生的侵略行为，和保护被侵略的国家。我看不出苏联建议有什么不好。"

同时，他在发言中含蓄地指出，英国政府不肯给苏联平等待遇和在谈判过程中表现出来的犹豫不决和政策的摇摆不定，才是英国和苏联之间的协定难以缔结的症结所在。

5月22日，英国外交大臣向政府提交的有关英苏谈判的备忘录，分析了缔结三国条约对英国的利弊。英外交部认为，缔结《三国互助条约》，意味着英国政府将完全失去一切同德国求得和解的希望，这是条约的"主要不便之处"。

另外，条约有可能对英日关系产生不利影响。备忘录还说："如能同苏联签订某种协定，规定在我们受到来自东方的进攻时，苏联将给予我们援

助，将是十分理想的，这不仅可以迫使德国在两条战线上作战，而且也还因为战争一爆发，应力求把苏联拖进去。"

英国正是在这种前怕狼后怕虎的心理状态下，抱着自己与德国求得和解而将苏联拖入战争的希望，与苏联进行周旋的。

6月27日，英国驻苏大使西兹和法国驻苏临时代办帕亚尔向苏联提出一项新建议，建议规定英、法、苏三国中的任何一方在遭到德国侵略时，其他两方应给予援助。

但建议又规定，一旦发生侵略，各方将就互助方式"进行协商"和在国际联盟中解决问题。这显然不利于对侵略者作出及时有效的反应，甚至会被用作拒绝立即援助被侵略国的手段。

6月2日，苏联政府在对英法两国的建议做出答复时表示，如果德国进攻比利时、希腊和土耳其这些英法两国保证独立的国家，苏联愿意提供援助。

当西方国家提出也支持荷兰和瑞士时，苏联表示同意。苏联只是要求英法承诺，当波罗的海沿岸的拉脱维亚、爱沙尼亚和芬兰遭到侵略时，英法也要同苏联一起给这三国提供援助。

苏联还建议，在签订互助条约的同时签订一项军事协定，详细规定相互之间的军事援助的方法、方式和范围。

但是，英法政府在6月15日对苏联最新方案提出的修正案中表示，当波罗的海沿岸各国遭到侵略时，他们只愿同苏联商谈是否给予援助。他们还表示，只有在政治协议签订之后，才能谈判军事协定的问题。

6月8日，哈利法克斯表示，希望不通过信件而通过圆桌会议进行谈判。英方参加谈判的代表是外交部官员斯特朗。对这种做法劳合·乔治极为不满。他在7月23日的演说中说："哈利法克斯勋爵访问过希特勒和戈林。张伯伦连续3次投入元首的怀抱。为什么仅仅派一个外交部官员代表我们出使一个建议援助我们的强大得多的国家呢？对此只能有一个回答：张伯伦阁下、哈利法克斯勋爵和西蒙先生不愿同俄国结盟。"

6月29日，苏联最高苏维埃外交委员会主席日丹诺夫在《真理报》上发表

文章，揭露英法毫无诚意，拖延谈判的做法。文章说："在同苏联谈判中出现的不能容忍的僵持局面和无休止的拖延，使人有权怀疑英法真实意图的可信程度。"

在苏联揭露之后，英法于7月表示同意在波罗的海沿岸三国遭到直接侵略时，同苏联一道向他们提供援助，但当这些国家遭受间接侵略时的援助问题仍然悬而未决。而从波罗的海沿岸各国的局势来看，最使人担心的正是这种间接侵略。

在"间接侵略"的定义上，谈判各方主要是英苏两国又发生了争执。

在哈利法克斯于6月12日给西兹的指示中给"间接侵略"所下的定义是："这种间接侵略是通过，已经从各缔约国获得了保证的其他各国；还没有获得保证或不愿接受这种保证的其他国家。"

而苏联认为："'间接侵略'的说法是指这种行动，该行动是上述国家，即所列被保障的八国中的某一国在来自其他强国的武力威胁之下或者没有这种威胁的情况下而同意的，该行动导致为了侵略这个国家或反对某个缔约国家而利用该国的领土和力量，从而导致这个国家丧失其独立或违反其中立。"

7月下半月，法国政府在"间接侵略"这个问题上已开始倾向于苏联的观点，但英国仍坚决反对，使谈判再次搁浅。

为打破僵局，苏联政府于7月9日建议，在政治谈判达成协议之前，可以同时进行军事谈判。

7月21日，英国总参谋长从华沙返回伦敦，带来关于德国将在8月底进攻波兰的情报。为形势所迫，英国政府于7月25日正式通知苏联，同意立即开始三国军事谈判。

苏联对谈判非常重视，派出了以国防人民委员伏罗希洛夫为首的高级军事代表团。但英法两国代表团的规格都很低。英国代表团团长德拉克斯是个退役的海军上将，法国代表团团长杜芒克也是一位不甚知名的人物。

当时，战争已迫在眉睫，然而，去莫斯科参加军事谈判的英法军事代表

团却不慌不忙。他们不立即起程而是拖了10天后才动身，他们不乘飞机，而是乘一艘低速邮船前往莫斯科。

两国代表团8月11日才抵达目的地，拖延了17天之久。

更令人不解的是，法国代表团的全权证书只授予杜芒克将军同苏联进行谈判的权力，没有签约的权力。英国代表团则更彻底，根本就没有全权证书。

那么，他们去莫斯科是为了干什么呢？德国驻英大使在给柏林的报告中，谈到了英国的真实用意。他说："英国进行谈判的目的主要在于摸清苏军战斗力的真情实况。"

8月12日，英、法、苏三国军事谈判正式开始。

8月15日，苏联代表团提出了具体的军事计划。根据这个计划，苏军准备投入军事力量以反击欧洲侵略者。当侵略者向英法进攻时，苏联所提供的武装力量将是英法直接用于对付主要侵略者德国所使用的武装力量的70%。

波兰必须参战，并应在本国西部边界集结部队。当波兰和罗马尼亚遭到侵略时，这两个国家应把全部兵力调往前线，苏联出动的兵力应相当于英法直接反对德国而动用的武装力量。

当主要侵略者进攻苏联时，英法两国应通过芬兰、爱沙尼亚和拉脱维亚领土，立即开始反击侵略者的军事行动。英法投入的兵力应相当于苏联投入兵力的70%。在这种情况下，都要求允许苏联军队通过罗马尼亚和波兰的领土。

苏联提出的具体军事计划，为缔结军事协定提供了良好的基础。

但是，在谈判过程中，英法代表团只是空谈军事合作的"共同目标"和"一般原则"，竭力回避提出具体的军事行动计划。

因为，英国政府对代表团早有指示："英国政府不愿承担在任何情况下可能束缚我们手脚的任何具体义务。因此，在军事协定中应力求局限于尽可能一般性的措辞。对此最合适的是一个政治性共同宣言之类的东西。"

法国代表团也接受了类似的指示。

因为苏联和德国并不接壤，当德国进犯法国、波兰或罗马尼亚，或者同时进犯这几个国家时，为同德国作战，都存在一个苏军过境的问题。

8月14日，苏联代表团在谈判中提出苏军通过波兰和罗马尼亚国境的问题，要求英法两国政府同波、罗两国政府协商，利用他们的影响，促使波、罗两国同意苏军过境。但英法代表团借口波、罗都是主权国家，这样的问题只有这两个国家的政府才能回答，要苏联政府直接与波、罗两国政府提出问题。

经苏联代表团据理力争，哈利法克斯于8月17日指示英国驻波大使，要他"尽一切能力规劝波兰和罗马尼亚接受苏联提出的让苏军通过波兰领土的要求"。指示说："没有苏联及早的有效的援助，波兰和罗马尼亚抵挡不住德国从陆上或空中的迅猛袭击，优柔寡断等到战争爆发，就为时过迟了。"

法国政府也向波兰政府提出了让苏军过境的问题。但波兰政府坚决反对苏联的建议，8月20日发表声明，表示在任何情况下都不能同意苏军进入波兰。

在这种情况下，英法政府也不想对波兰施加压力，使其改变立场。过境问题得不到解决，继续军事谈判也就失去了意义。由于英法对谈判无诚意，由于波兰政府拒绝苏军通过波兰领土，长达4个多月的英法苏谈判最后失败了。

英国在三国谈判中之所以三心二意，除英国长期以来对苏联怀有严重的政治偏见并低估苏联的军事实力使它不急于同苏联结盟外，张伯伦政府对英德和解始终抱有幻想也是重要原因之一。

在英法苏三国结盟谈判开始后不久，英国政府就开始与德国秘密谈判。

1939年5月14日，英保守党著名活动家德拉蒙德·沃尔夫在柏林与德国外交部经济政策顾问吕特尔会谈时明确表示："我是在英国内阁枢密顾问知道的情况下前来柏林的，并要求我对这次会谈完全保密。"

他向吕特尔表示：英国在政治筹划中不排斥向德国提供经济活动场所，甚至支持它的活动；可以帮助德国克服外汇困难的借款总额问题；恢复3月

份中断的英德经济谈判；就调整波希米亚和摩拉维亚同英国之间的收支差额和德国进行谈判；关心德国何时提出归还殖民地的要求和这个要求包括的内容。

5月19日，张伯伦在下院一面声称，英苏之间"有一道幕，有一堵墙，极难穿过"，另一方面又暗示，英国并不反对寻求可能满足德国要求的途径，"如果这将会使目前局势明显缓和的话"。

同一天，哈里法克斯对德国驻英大使迪克森明确表示，希望改善英德关系。

6月8日，张伯伦会见了以私人身份访英的德国政界人士特罗特·楚·佐尔茨。张伯伦表示仍希望同德国和解，并说，据他看来，"自他上任的那天起他就一直认为，解决欧洲问题只有通过柏林—伦敦这条线。"

7月中旬，英国外交当局向德方建议，两国报刊停止相互攻击和指责，以便为两国接近和合作准备舆论。

7月1日至21日，沃尔塔特第二次访英，同英国政府要员进行了4次秘密会谈，双方讨论了经济、政治和军事问题。会谈中，张伯伦的经济顾问威尔逊向德国人提出了一个全面的《德英合作纲领》。

其主要内容为：

一，德英联合发表不使用武装侵略作为国际政策手段的宣言。

二，德国宣布不干涉英联邦，英国宣布不干涉"大德意志帝国"，包括东欧和东南欧。

三，在殖民地和托管地问题上，缔结一项从根本上修改《凡尔赛和约》有关条款的德英宣言。

四，在军事上模仿先前的《英德海军协定》，缔结一项限制军备的协定，但在空军和陆军问题上顾及德国在中欧的特殊战略需要。

五，在供应原料、粮食和出口工业品方面实行合作，将首先在大英帝国（包括印度、南非、加拿大和澳大利亚）、中国和俄国三大市场上，同时扩展到更大范围的对外投资和国际金融、债务等方面的合作。一旦双方在政治上和经济上达成可以接受的协议，英国政府将争取使法国"废除它同苏联的结盟和对东南欧的义务"。

此外，张伯伦政府还准备"终止同苏联进行的关于签订条约的谈判"，甚至可考虑取消英国对波兰所承担的义务。

很清楚，无论是对波兰的保证还是同苏联的谈判，对英国来说，都只是用来迫使德国回到慕尼黑轨道上来的手段。但是，此时的德国进攻波兰的决心已定，对希特勒来说，迫切需要解决的是避免两线作战的问题。所以在这一阶段，希特勒在外交方面的真正心思用在同苏联签约上。

他之所以同意与英国谈判，既是为了利用英国对德国的幻想，牵制与破坏英法同苏联的谈判，也是为了一旦不能从东方取得避免两线作战的条件为德国留下一条同英法进行交易的退路。

英国对英德秘密谈判是认真的，但由于德国只是虚与委蛇，谈判始终未获进展。

8月23日，《苏德互不侵犯条约》在莫斯科签字，从而宣告英德秘密谈判的彻底失败。

苏德签订
《互不侵犯条约》

　　长期以来，苏联一直致力于欧洲集体安全体系的建立，但因英法顽固推行"祸水东引"的绥靖政策，苏联的努力屡遭失败。慕尼黑会议使捷克斯洛伐克惨遭肢解。作为欧洲大国的苏联被排斥在欧洲大国之外，不得与会。

　　这就不能不使苏联感到，不但1933年12月19日由苏共中央政治局决定的其核心是在与西方国家合作，并利用国联的基础上建立集体安全体系的和平计划是几乎无法实现的，而且自己已处于被孤立的危险之中。

　　为本国安全，不得不对自己的政策做出相应的调整，由过去的一手打算——建立欧洲集体安全体系——转变为两手打算，即一方面尽最大努力争取同英法结成反法西斯同盟，另一方面也不排斥与德国改善关系。

　　1939年3月10日，斯大林在联共(布)第十八次代表大会上批评了西方国家放弃集体安全政策，转而执行不干涉和中立政策，企图"祸水东引"的错误做法，提出了苏联外交政策的指导原则：继续实行维护和平和巩固我国和世界各国经济的政策；保持谨慎态度，决不让那些惯于使他人为自己火中取栗的战争贩子把我国拖入到冲突中去。斯大林的讲话引起了德国的注意。

　　德国驻苏大使舒伦堡就此向柏林报告说："斯大林对英国及当政的英国反动派的讽刺和批评要比对所谓侵略国家，特别是对德国的讽刺和批评尖锐得多，这点很值得注意。"

　　同时，这一讲话也引起人们的如下猜测：苏德可能修好。

　　其实德苏之间的外交接触在慕尼黑会议之后不久就开始了，只是双方都做得十分小心，并未取得什么实质性进展。

这时虽然德苏双方都有接近对方、改善两国关系的愿望，但由于两国积怨甚深，相互之间的猜疑很难在短期内冰释化解，在未摸清对方的真实意图之前，谁都不肯轻易地向前迈出一步，故双方长期停留在一般外交官员之间的关于经济贸易问题的谈判上。

5月16日，里宾特洛甫电告舒伦堡，要他转告莫洛托夫："德国与苏联之间没有政治外交上的利益冲突。现在是两国政治外交关系安定化、正常化的时候了。"5月20日，莫洛托夫会见舒伦堡。会见中，莫洛托夫对舒伦堡提出的恢复两国2月份中断的经济会谈的建议答复说，这要具备必要的"政治基础"。在柏林看来，这是苏联给自己泼了瓢冷水。

第二天，德国外交部国务秘书魏茨泽克指示舒伦堡静观待变。但在以后的几天里，英法苏谈判取得了进展，这使德国大为不安。

斯大林（蜡像）

5月26日，里宾特洛甫曾拟电示舒伦堡，要他尽快去见莫洛托夫，打破德苏会谈中的僵持局面。只是由于当时德国认为，英法苏协议"很不容易防止"，希特勒担心在这种情况下会遭苏联拒绝，而出面干涉，电报才未发出。5月30日，魏茨泽克以讨论苏联政府请求保留苏联驻布拉格商务处为借口，和苏联驻德国大使馆代办阿斯塔霍夫进行了会谈。

会谈伊始，魏茨泽克便说："元首过问了这件事。"显然是想给对方造成柏林的上层人物对改善与苏联的关系感兴趣的印象。这次会谈使德国外交部得出的结论是：苏联政府愿意改善两国关系和继续进行会谈。

当天22时40分，魏茨泽克向舒伦堡发出了如下"特急"电报："我们决定：与迄今为止所采取的策略相反，现在要与苏联建立某种程度的接触。"整个6月份，德国大使和苏联对外贸易人民委员阿那斯塔斯·米高扬之间，一直在进行关于签订新的贸易协定的预备性会谈。

苏联担心德国与苏联谈判的目的只是想以此来干扰和破坏苏联同英法的谈判，所以态度非常克制和谨慎，避免一切有碍于三国谈判的东西发生。尽管同英法的谈判进行得很不顺利，没有什么令人鼓舞的东西。

5月31日，莫洛托夫在最高苏维埃作报告时，详细分析了当时出现的局面。他强调说，苏联一如既往，愿为"建立非侵略国家的可靠而有效的抵抗阵线"而竭尽全力。他说："我们同英国和法国进行谈判，我们认为，有必要与德国和意大利也保持实质性关系。"

很显然，在任何情况下苏联都不能使自己陷入孤立的境地。

7月22日，德苏贸易谈判在柏林恢复。同一天，魏茨泽克告诉舒伦堡："我们将在这里以明显的合作态度采取行动，因为出于总的考虑，希望签订，而且是尽早签订条约。"

7月23日，法国和英国最后同意苏联的立即进行军事谈判的建议。消息传到柏林后，引起了德国当权人物的担心。他们不再犹豫，决心不惜付出巨大代价，使苏联在他们行将发动的战争中保持中立。

7月26日，德苏经济谈判的德方代表施努雷根据里宾特洛甫的指示请苏

联驻德代办阿斯塔霍夫和商务代表吃饭。其间，施努雷露骨地对两位苏联人说："英国能够给俄国什么呢？至多是参加一场欧洲战争并与德国交战，这对俄国来说几乎不是一个值得向往的目标。相反，我们能够给些什么呢？中立，并置身于可能发生的欧洲冲突之外。如果莫斯科愿意，还可以达成一项关于俄德间相互利益的谅解，这项谅解会像先前那样给双方带来好处。"

7月29日，魏茨泽克给舒伦堡写了一封密信，要他试探莫洛托夫的态度。

8月2日，里宾特洛甫同阿斯塔霍夫进行了一次长谈。里宾特洛甫表示，德国方面希望改善德俄关系，并且说，从波罗的海到黑海没有一个问题不能得到使双方都满意的解决，再次明确表示愿同苏联修好的愿望，并暗示德国将在一周之内向波兰算账，希望同苏联就波兰的命运达成谅解。

第二天，里宾特洛甫亲自给舒伦堡发了一份特急电报，向他通报了这次会谈的情况。同日，施努雷同阿斯塔霍夫举行会谈。

阿斯塔霍夫表示，虽然苏联也希望改善关系，但"迄今为止对德国的态度还不了解有什么具体的东西"。但是，德国人现在是"准备更加具体地继续谈判的"。

稍后，在魏茨泽克向舒伦堡发出的电报中谈到了这一点。当晚，苏联外交人民委员莫洛托夫接见德国大使，舒伦堡遵照德国外长的指示明确表达了德国方面的意愿。这时，苏联政府发现德国已开始沉不住气了，便欲擒故纵，有意采取拖延战术。一是因为英法苏军事谈判即将开始，苏联仍然希望能与英法达成协议；二是认为，适当拖一拖有利无弊，苏联不但不会因此而失去什么，而且还会促使急于同苏联和解的德国拿出更多的东西。

这时，莫洛托夫虽然放弃了他往常那种"矜持的态度"，但对舒伦堡的话却反唇相讥。他列举德国拼凑反共公约、支持日本反苏、将苏联排斥在慕尼黑会议之外等敌对行为之后说："怎么能说德国最近的声明能同这三件事没有矛盾呢？德国政府态度的改变目前还没有证明。"

在以后的几天里，德国方面的要求更加强烈。

8月10日，施努雷根据里宾特洛甫的指示向阿斯塔霍夫保证："在采取战

争解决方式的情况下，德国在波兰的利益也是有限的。德国的利益决不需要与苏联的任何利益发生冲突，我们只是必须对这种利益加以了解。"阿斯塔霍夫的回答依然是冷淡的、回避性的。8月12日，苏联通过阿斯塔霍夫通知德国政府，同意对迄今所提的一系列问题进行谈判，建议谈判在莫斯科分阶段逐步进行。但是，已经将进攻波兰的日期定在9月1日的希特勒是不能允许同苏联的谈判逐步进行的。他愿出大价钱，以求与苏联签约。

8月14日夜，里宾特洛甫电告舒伦堡，要他立即去见莫洛托夫，并"一字不改地"向其宣读一封长信。信中说，为了为德苏关系的最后解决奠定基础，他不想采取通常的外交途径，而是准备亲自去莫斯科做一短期访问，以元首的名义向斯大林阐明德国的观点。他再次重申，从波罗的海到黑海不存在任何问题不能按两国完全满意的方式加以解决，并具体列举了波罗的海国家、波兰和东南欧等问题。这就是说，德国准备和苏联瓜分东欧了。

次日，舒伦堡会见了莫洛托夫。后者热烈欢迎德国政府改善对苏关系的愿望，但对德国外长的来访问题却强调要有充分的准备。此外，他询问德国是否愿意：缔结一项互不侵犯条约；对日本施加影响，以改善苏日关系和消除边境冲突；对波罗的海国家实行联合担保。

苏联的建议使希特勒喜出望外，他立即全盘接受了苏联的要求，并于16日下午电令舒伦堡立即通知苏联，德国外长准备在8月18日以后的任何时候飞赴莫斯科，以元首全权代表的身份谈判德苏关系的全部问题，并签订相应的条约。1939年春夏以来，虽然苏联在与英法进行结盟谈判的同时，也在同德国谈判，但一直以前者为主，而且为与英法结盟做出了不懈的努力，苏联在与德国的谈判中则一直采取拖延策略。但此时希特勒已全盘答应了苏联提出的全部要求，再要拖延就意味着拒绝，就意味着谈判的破裂。

这时苏联同英法的谈判虽然仍在进行，但给人的印象是：谈判不会取得积极的成果。在东方，苏联与日本激战正酣。苏德谈判一旦破裂，苏联势必会陷入孤立无援，两面受敌的绝望境地。权衡利弊得失，苏联决定调整对德政策。

　　8月17日，苏联政府就舒伦堡于8月15日转交的德国政府的声明答复说："现在不仅有了改善苏德关系的现实基础，而且也具备了采取认真而实际的步骤的前提，建议首先缔结一项贸易与贷款协定，不久以后缔结一项互不侵犯条约。"苏联对派里宾特洛甫来莫斯科非常满意，认为这突出表明了德国的诚意。但鉴于英法苏谈判仍在进行，仍主张一步步走。

　　8月19日，《苏德经济协定》在柏林签字。同日，莫洛托夫将一份互不侵犯条约草案交给了舒伦堡，表示同意在经济协定签字一周后在莫斯科接待德国外长。但是，希特勒绝不能再等待一周的时间，否则，他的侵略计划就必须改变。8月20日，希特勒亲自致信斯大林，要求后者立即同意其外长在8月22日至迟在8月23日，去莫斯科签订条约。

　　8月21日，斯大林复电希特勒，同意里宾特洛甫8月23日访苏。

　　8月23日，德国与苏联在莫斯科签订了有效期为10年的《苏德互不侵犯条约》。条约规定，任何一方不得向对方采取敌对行动；如果其中一方成为第三国敌对行动的对象，另一方将不能予该第三国以支持；双方决不参加直接或间接针对另一方的任何国家集团。

　　《苏德互不侵犯条约》是在英法苏谈判成功无望，德国侵波决心已下，而苏联又无力阻止德国侵略的情况下，苏联出于自身安全的需要而采取的一项非常措施。这一行动打破了英法"祸水东引"的绥靖阴谋，摆脱了德日两面夹击的危险，使自己暂时置身于战争之外。

　　但是，条约的签订在国际共产主义运动和各国人民中间引起了混乱，不利于世界各国人民反法西斯运动的开展。同时，多年来苏联在世界人民心目中的世界和平维护者和反法西斯斗士的形象受到了损害，在道义上苏联为此付出了沉重的代价。最严重的是，条约的签订使希特勒获得了避免两线作战的条件。至此，战争再也不能制止了。

亚欧硝烟

第二次世界大战的爆发

日本法西斯首开战端

1931年9月18日，日本驻中国东北境内的关东军炸毁柳条湖附近一段南满铁路的路轨，并以此为借口进攻中国军队驻地，占领沈阳。为进一步挑起全面侵华战争，1937年7月7日夜，卢沟桥的日本驻军在中国驻军阵地附近举行所谓军事演习，并炮猛轰卢沟桥，向城内的中国守军进攻。中国守军奋起还击，从此掀开了全民族抗日战争的序幕。

日军非法侵占
中国东北

　　1931年9月18日，日本关东军制造了柳条湖事件，对中国东北地区发动进攻，爆发了"九一八"事变。

　　柳条湖位于沈阳内城以北2500米处，在沈阳站与文官屯站之间。关东军之所以选择这个地方为爆破地点，一是因为这里较为偏僻，便于行事；二是因为距东北军最大兵营北大营较近，便于诬称中国军队所为，就近攻击北大营。

　　早在1930年冬，板垣征四郎和石原莞尔就准备选择柳条湖为挑起武装侵略的地点。至1931年春，日军制订了在柳条湖附近炸毁南满铁路，同时袭击北大营和攻占沈阳城的具体方案。随后日军便从关东军和中央军部物色最可靠的骨干，组成秘密阴谋班子。

　　1931年6月，板垣征四郎将爆破任务交给了奉天特务机关辅助官花谷正少校和曾担任过张学良顾问的柴山兼四郎的副官今田新太郎上尉。

　　他们商定：9月28日在柳条湖爆炸南满铁路，于一夜之内占领沈阳；要以闪电般的行动，在各国还没有来得及干涉之前，占领预定地区。但是，至9月中旬，因柳条湖事件的计划暴露，遂决定提前在9月18日发动。

　　9月18日，河本末守以巡视铁路为名，带领6名士兵来到柳条湖，将42包小型黄色炸药安放在南满铁路的道轨上，然后点燃了炸药包。爆炸声响起后，今田新太郎指挥埋伏在文官屯南侧的日军对东北边防军驻地北大营发起攻击。

　　当日23时，花谷正以土肥原贤二的名义向关东军参谋长三宅光治和陆相

南次郎拍发急电，谎称："18日22时30分左右，在奉天北大营西侧，暴虐之中国军队破坏我南满铁路，袭击我守备队，与赶赴现场的我守备队一部发生了冲突。"

在沈阳的关东军高级参谋板垣征四郎用"代理关东军司令官、先遣参谋"的名义代行发布命令："令独立守备队第二营扫荡北大营之敌，第五营从北面进攻北大营，第二十九团进攻沈阳城，第二师以主力增援之。"

19日凌晨零时，花谷正又发出第二份电报，仍谎报北大营中国军队同日本守备队虎石台连正在激战，日军陷于苦战中。

接到电报后，在旅顺的关东军司令官本庄繁、参谋长三宅光治、作战先任参谋石原莞尔等人，紧急研讨对策，一致认为，此时是诉诸武力的绝好机会。本庄繁当即决定，按照预定计划，迅速将主力集中到沈阳，先发制人，实施中心突破，占领东北三省。

19日凌晨1时30分左右，本庄繁向关东军下令：第二师主力迅速集中，攻击沈阳城；独立守备队各部进攻铁路沿线的丹东、营口、凤凰城和长春等地。同时，电请驻朝鲜日军司令官林铣十郎尽速增援关东军。本庄还将各项命令及战况电告日本军部，于19日晨3时30分偕司令部乘火车前往沈阳。

关东军按照预定计划，向中国东北军北大营、沈阳城，以及南满铁路全线展开了进攻。由于蒋介石奉行不抵抗主义，导致在兵力上占优势的东北军将士毫无戒备，使日军偷袭得逞。当时，留在东北的军队尚有近20万人，另外还有公安、警察部队。但"九一八"事变时，中国地方军政官员仅有东北军参谋长荣臻和辽宁省主席臧式毅驻在沈阳。他们对日军的突然袭击毫无戒备。臧式毅通过电话向日本总领事馆交涉，日领事以"军人行动，领事无权限制"为由拒绝。当北大营值班军官以电话请示处置措施时，荣臻却下达了"不抵抗"的命令。

在不抵抗主义的约束下，第七旅官兵只有听任数量占绝对少数的日军进攻北大营。18日23时30分，日军守备队第二营攻入北大营西北角。同时，沈阳车站日本兵营内的240毫米重炮，也对准北大营轰击。至次日拂晓5时30

111

分，日军完全占领了北大营。

与此同时，驻沈阳的日军兵分三路进攻沈阳。5个多小时后，日军便完全占领了这座东北重镇。9时，事先印好而由"关东军司令官本庄繁"署名、反诬中国军队爆炸南满铁路的布告赫然贴遍全城。

一夜之间，日军便轻而易举地占领了沈阳城，所有军警均被缴械，各种财物被洗劫一空。

在南满铁路沿线，日军控制交通线的行动进展也十分迅速。日本独立守备队第三、第四营于19日凌晨5时30分攻陷丹东，然后第三营攻占营口，第四营攻占凤凰城。

19日零时15分，驻长春日军第三旅炮击南岭中国炮兵团。3时55分，日军向南满铁路和中东铁路的终点长春发动总攻。中国守军奋起抵抗，后在吉林军署参谋长熙洽"无须抵抗"的命令下含愤撤退。

当日22时许，长春陷落。

这样，南满、安奉两铁路沿线的重要城镇很快都落在日军之手。

柳条湖事件发生后，日本军部立即于19日7时召开会议，与会者一致认为，关东军的决心和行动"完全得当"，应关东军"增派3个师"的请求，着手派兵增援。

当日晚些时候，日本首相若槻礼次郎召开内阁紧急会议，讨论关东军的报告。出于侵华策略的需要和对列强以《九国公约》《非战公约》为依据进行干预的担心，内阁会谈乃决定采取"不扩大事态"的方针，并责成陆相通知关东军。

会后陆军省、参谋部分别含糊地训令关东军，在传达内阁"不扩大"方针的同时，赞扬关东军的"决心和措施是适当的"，"提高了日军的威望"。深知军部意图的桥本欣五郎进一步密电板垣："参谋部停止军事行动的命令，是应付内阁会议的表面文章，其本意并非要你们停止行动。"

关东军对军部和内阁的意图心领神会，在继续调兵遣将的同时，向陆军中央请求增派3个师团的兵力。

20日上午8时，日本海军军令部和海军省决定，当事态进一步扩大时，海军将出动舰艇到山海关配合陆军阻止东北军入关增援。

21日，驻扎朝鲜的日军司令官林铣十郎命令混成第三十九旅团4000多人侵入中国东北沈阳。这为关东军扩大侵略提供了保证。

21日上午，本庄繁作出攻占吉林市的决定，占领长春的日军第二师团奉命乘装甲车于当日下午进占吉林，随后又相继占领了通辽、巨流河、洮南等地。

在日本国内，日本政府一次又一次地加速了陆军扩大战争的行动。9月22日，内阁会议决定承认驻朝鲜日军越境的既成事实，并通过支付出兵经费。

日本天皇裕仁发布可驻朝日军越境进入"满洲"的敕令。

日军侵占锦州城

113

两天后，日本政府发表《关于"满洲"事变》的声明，宣称日本政府已决定"不扩大事态，并逐渐撤兵"，以继续欺骗世界舆论，为陆军扩大在中国的侵略战争障目。日军占领东北辽宁、吉林大部分地区后，以此两省为基地，向北、南扩大侵略。

黑龙江省及哈尔滨东三省特别行政区等北部"满洲"地区是日军首先进攻目标。鉴于该地区与苏联接壤，哈尔滨又是一个国际化的城市，为避免苏联介入，日军曾制订《关于征服"北满"的方略》，设想以谋略手段夺取"北满"，因而暂时中止了像攻占辽、吉那样的直接军事进攻，转而首先采取"和平手段"。

9月24日，日军参谋总长下令"不得向宽城子以北进军"，明确禁止出兵哈尔滨。日军变换策略，采取利用汉奸军队打头阵的手法，避开哈尔滨，沿铁路向黑龙江省会齐齐哈尔出击，企图不战而取得黑龙江省。

柳条湖事件后，日军收买了原洮辽镇守使张海鹏。10月1日，张海鹏自称"边境保安司令"，宣布脱离张学良。于是，日军便利用张海鹏部伪军充当进攻齐齐哈尔的前锋。当张部伪军临近嫩江时，黑河警备司令、步兵第三旅旅长马占山，奉张学良之命统率黑龙江的军队，并代理省主席职务。

10月13日，张海鹏伪军开始发动进攻，被马占山部在嫩江桥击溃。日军遂决定直接出兵。30日，关东军以第二师主力一部组成"嫩江支队"，集结于泰来附近。

11月4日，日军嫩江支队掩护张海鹏伪军向马部进攻。马占山部奋起反击，嫩江支队死伤数百人。但最终由于中国守军装备劣势，并且在日军重新增援下，19日马占山等率中方军政人员退出省城齐齐哈尔。继而再退海伦、克山一带，组织临时政府。19日晚，日军进占齐齐哈尔。

至此，日军并未停止军事行动，继而南下辽西，完成对整个"南满"的占领。辽、吉两省沦陷后，中国东北边防军司令部长官公署、辽宁省政府行署，迁往锦州。

9月23日，张学良任命张作相代理东北边防军司令长官，米春霖代理辽宁

省政府主席。

锦州地处辽西，是北宁、锦朝两铁路的汇合点和山海关的屏障，战略地位十分重要。日陆军参谋部认为："只有消灭锦州附近的张学良势力，才能有希望解决"满洲"事变。"他们将攻占锦州视为巩固其占领东北的最后措施。

10月8日，日军曾派飞机轰炸锦州。20日又派伪军进攻锦州，被中国边防军击溃。11月27日，关东军令第二师团主力和混成第三十九旅团到沈阳集结；令混成第四旅团进到大凌河一线，掩护主力开进。

当日，该部越过大凌河，向中国守军发动进攻，被阻于大虎山、沟帮子一线。日本当局唯恐引起国际上的反对，于28日命令关东军撤出辽西。

12月上旬，日本成立犬养毅内阁。犬养内阁采取了较其前任更加积极支持军部的政策。12月7日，日本陆军大臣致电关东军，表明了军部关于攻占锦州的意图。12月13日，关东军制订《锦州攻击方略》，决定由北向南直取锦州。17日，日军参谋总长批准了关东军进攻锦州作战计划，并向东北增派部队。至27日，至此，日军攻击锦州的总兵力已达4万人以上，摆出了空前未有的大会战态势。由于中国军队受国民政府不抵抗政策的约束，加之又得不到政府的支持，因而缺乏抗战守土的决心。1932年1月3日，日军不战而占锦州。

日军占领锦州后，迅速回师北上，重返"北满"，进攻哈尔滨。当时哈尔滨附近的中国军队，日军引以为患。日本经过多方试探，在确认苏联将采取"不干涉"政策后，参谋部始于1932年1月28日批准关东军向哈尔滨进军。

在哈尔滨郊外，中国守军同装备有飞机、坦克、装甲车的日军展开激烈的保卫战。但由于事先未做御敌准备，缺乏防御工事的中国军队，在日机轮番轰炸和坦克横冲直撞的强大攻势下，伤亡极大。

1932年2月5日，哈尔滨沦陷。至此，在短短的4个月零18天的时间里，整个东北100万平方千米的土地和3000万同胞陷于日本帝国主义的统治之下。

国联决议
成为一纸空文

"九一八"事变发生后，面对日本的空前进攻，中国政府采取了不抵抗和依赖国际联盟解决问题的误国政策。

国际联盟于1920年1月10日《凡尔赛和约》正式生效的当天，在美国总统威尔逊的主持下正式成立。凡是在第一次世界大战中对同盟国宣战的国家和新成立的国家都是国际联盟的创始会员国。

国联有4个主要组织，分别为秘书处、理事会、全体大会及国际法庭。除了这4个主要组织外，国联还有其他机构及委员会。

国联理事会担当了"执行者"的身份，并指导全体大会的事务。国联的理事会最初有4个常任理事国——英国、法国、意大利和日本，另有4个非常任理事国。非常任理事国需从常任理事国以外的成员国中选举胜出，而且任期只有3年。而首任非常任理事国为比利时、巴西、希腊及西班牙。

美国本来有望成为第五个常任理事国，但因1919年1月20日美国参议院拒绝接纳《凡尔赛和约》，拒绝加入国联，这降低美国在国联的参与度。

1926年9月8日，德国加入国联，与日本、意大利一起成为常任理事国。

理事会会议每年平均举行5次，有需要时会另开特别会议。在1920年至1939年间，共举行100多次公众会议。

在20世纪20年代，国联曾成功地解决一些小纷争。但对于20世纪30年代较大的冲突，国联则显得力不从心。

1931年9月21日，中国代表施肇基根据国联盟约第十一条将"九一八"事变诉诸国联理事会，要求立即采取措施，"阻止危及各国和平形势的进一

步发展，恢复原状，并决定应向中华民国支付的赔款总额及性质"。

9月22日，国联理事会仓促举行会议。而此时，日军已经侵占了沈阳、长春、吉林、辽源等26座大小城市。

国联理事会在听取中、日两国代表的发言后，按照英国代表的主张，授权西班牙代表、国联理事会主席向中日两国政府发出内容相同的"紧急通告"，要求双方立即停止一切冲突，撤退军队，荒谬地把侵略者和被侵略者同等看待。

为了应付国联理事会的决议，9月24日，日本政府发表声明，将侵略行径说成是"自卫"，并宣称日本在中国东北"无任何领土野心"，日本政府有诚意采取"防止事态进一步恶化的方针"，将军队撤退至满铁范围内。

日本的声明是把冲突的责任推给中国，以争取列强的同情。日本此举果然奏效，它使国联理事会相信，是中国人"大大夸大了所发生的事情"，只要给予时间，日本会找到体面解决问题的方法。

因此，日本大受鼓舞，认为国联理事会没有实力干涉日本的行动。随后，日军便趁势侵占了洮南、洮安和敦化等地，并准备继续向"北满"推进。

9月28日，中国代表再次做出努力，建议国联理事会派一个中立代表团去中国了解事实真相，但遭日本代表断然拒绝。

9月30日，国联理事会行政院通过决议，决议内容空洞无物，徒然地呼吁中日两国尽力避免形势的恶化，并未重申撤兵要求，派调查团一事也由于日本的反对而作罢，理事会随之休会。

国联理事会的态度大大助长了日本侵略扩张的气焰。1931年10月8日，日本轰炸锦州，国联理事会才感到局势的严重。

10月9日，英国首相麦克唐纳指示外交大臣雷丁："我们在理事会必须在认真制订政策方面能起领导作用。"同一天，美国国务卿史汀生致电国联理事会，表示愿与国联理事会进行合作，并决定以国联理事会邀请的方式参加国联理事会下次会议。

10月13日，应中国代表要求，国联理事会在巴黎召开会议，法国代表白

里安充当主席。在会上施肇基控诉日本在9月30日理事会后，不但没有退兵，反而暴行越演越烈。

日本代表则竭力为日本侵略辩护，竟称：东三省为日本生存所系，故不能从该地撤军。

白里安表示，中日双方均负维持远东和平责任，应各自约束。10月16日，美国代表基尔伯以正式观察员资格参加会议。

10月24日，国联理事会作出第三次决议，要求日本在11月16日以前将军队退到南满铁路区域之内；要求中国切实保护在华日侨；撤军完成后，中日两国开始交涉。

　　这是自事变以来国联理事会对日本提出的最强硬的要求。尽管如此，但决议仍然没有谴责日本侵略者，而且由于日本的反对，大会主席白里安宣布：依照盟约的规定"未获全体通过的决议没有法律效力"。

　　这说明，国联仍未改变对日本姑息迁就的立场。

日本坚决拒绝了国联理事会的撤军要求。1931年10月26日，日本政府发表了《关于"满洲"事变的第二次政府声明》，继续反诬中国"收回国权运动渐趋极端"，企图破坏日本国民"生存权益"，声称日本如果撤军，只会使事态更加恶化。日本不仅拒绝撤军，而且于11月初大举进犯黑龙江，使国联理事会的决议成为一纸空文。

11月16日，国联理事会在巴黎举行会议。

3天后，日军攻占了黑龙江省会齐齐哈尔，日军没有像西方各国所希望的那样进攻苏联，而是掉头南下进攻锦州。

为了欺骗国联理事会，转移其要日本撤军的注意力，11月17日，日本主动提出要求国联理事会派调查团到"满洲"调查的建议。国联理事会如获至宝，将注意力完全转到派调查团的问题上，在短短20多天的会期中，理事会竟召开21次秘密会议讨论调查团问题。日本则乘机提出要国联理事会承认其在东三省的所谓"剿匪权"。

12月10日，国联理事会通过决议，决定派遣国联调查团赴远东考察，同时也让日本最后以保留发言的形式实际获得了"剿匪权"，给日本以后的军事提供了"合法"的外衣。

12月15日，日陆军参谋部在给关东军的电报中要求："进攻锦州，事前要采取适宜的方法，其实施手段应与剿匪的名义相符。"

1932年1月，日军正是以所谓"剿匪为名，增派兵力，攻占锦州和辽西"。

国联理事会就日本武装入侵中国东北问题争论了3个月，既不谴责日本，也不制止日本扩大侵略。日本正是在这3个多月的时间里顺利地达到了自己的目的，完成了对中国东北的占领。随着军事行动的结束，国联理事会活动的中心也转向国联理事会调查团。

根据1931年12月10日的国联理事会决议，调查团由5人组成，其任务是"到当地调查并向理事会报告任何影响一切能危及国际关系，威胁或扰乱中日两国间的和平的一切情况"。中日两国可各派一人参加调查团，并对其活

动提供一切方便条件。

1932年1月21日，国联理事会调查团正式成立。团长为英国前驻印度代理总督李顿爵士，团员为美前任菲律宾总督麦考益少将，法国殖民地防御咨询委员会主席、前驻印支法军司令克劳德中将，德国前任东非总督希尼以及意大利外交官马柯迪伯爵。中国派前外长顾维钧、日本派驻土耳其大使吉田伊三郎作为顾问参加调查团。

这个调查团成立后，行动迟缓，2月3日从欧洲出发，直至4月21日才到达沈阳。此时，日本已成立了伪满洲国，造成既成事实以迫使李顿调查团承认现状。

李顿调查团在东北活动了一个半月，6月5日回到北平。9月4日，调查团完成了报告书。10月2日，《国联理事会调查团报告书》在国联所在地日内瓦、中国南京与日本东京三地同时公布。

《国联理事会调查团报告书》承认，"九一八"事变是日方的预谋，但不敢谴责日本的侵略，没有认定日本军事行动的侵略性，却诬蔑中国的革命运动，为日本的侵略行为遮目。

《国联理事会调查团报告书》承认，东北三省是中国领土的一部分，揭露了伪满洲国是日本炮制的傀儡政权，但又"承认满洲在日本经济发展中的极大重要性"，说什么"日本在满洲的权利和利益是不容忽视的事实"，为日本侵略制造合法依据。

在解决方法上，报告书既不同意中国恢复"九一八"事变前状况的要求，也反对承认日本维持伪"满洲国"，主张以"门户开放""机会均等"限制日本独霸中国东北，以国际共管维护英、美等国在东北的权益。

侵略者蓄意炮制
伪满洲国

日本在密谋发动"九一八"事变的同时，就策划了怎样统治中国东北的具体办法。

早在1931年4月，日陆军参谋部在《形势判断》中曾提出三种形式：

一是建立名义上受中国政府管辖，实际上亲日的政权；二是建立"脱离中国本土"的"独立国"；三是将中国东北直接划入日本版图。

事变发生的第二天，关东军达成一致意见，即建立所谓"独立国"。

9月22日，关东军拟定《解决满蒙问题方案》，在此方案中明确提出：在"满蒙"成立一个由日本支持，"领土包括东北三省和蒙古，以宣统帝为元首的新政权"，国防和外交委托日本帝国掌管，交通和通讯的主要部门也由日本管理。

9月23日，本庄繁进一步提出建立"满蒙"政权原则：使"满蒙"完全脱离中国本土；关东军把"满洲"和蒙古统一起来；在表面上由中国人统治，但实质上要掌握在日本人手里。

日本急于建立一个名义上的傀儡政权的目的在于：以华制华，长期占领。这样一方面可以造成既成事实，混淆国际视听，另一方面又可掩盖侵略行径。

日本发动"九一八"事变，是对"凡尔赛—华盛顿体系"的挑战，在国

际上引起了轩然大波，遭到苏联和世界舆论的谴责，西方大国也对日本的行为表示不满，使日本在国际上极度孤立。

为了缓和国际压力，1931年9月24日，日本发表了《关于"满洲"事变的第一次政府声明》，否认日本出兵是"军事占领"，并声称"帝国政府在满洲没有任何领土欲望"。

显然，建立"独立的满洲国"有利于欺骗国际舆论，巩固已占领的地区，将中国东北变成日本扩大侵略的军事基地。

为了使伪满洲国尽快建立起来，日本策动汉奸宣布"独立"，拼凑东三省伪政权。日本驻中国东北各地领事、特务机关纷纷出动，进行拉拢和策划活动。

1931年9月26日，熙洽声明在吉林成立"吉林省长官公署"，又声明同南京国民政府和张学良地方当局脱离关系。

9月22日，张景惠在哈尔滨宣布"自治"，27日，成立"东三省特别区治

长春伪满皇宫

安维持会"；1932年元旦，最终宣布"独立"。

在辽宁，1931年9月24日，通过土肥原的策动，汉奸袁金铭组织了"奉天地方自治维持会"。与此同时，日军又指示汉奸组成"辽宁四民临时维持会"，以恭亲王溥伟为会长。10月20日，关东军以赵欣伯接替土肥原，任伪奉天市长。11月20日，日军将辽宁省改称奉天省，解散"维持会"，任命前辽宁省政府主席臧式毅为伪奉天省长。

东北三省的伪政权拼凑起来后，日军开始有计划地控制"末代皇帝"溥仪。

溥仪自1924年11月被冯玉祥赶出紫禁城后，一直被日本人所庇护，居于天津日本租界。1931年10月29日，土肥原到达天津，诓骗和引诱溥仪到东北。土肥原迎合溥仪期盼复辟"大清帝国"的强烈欲望，谎称帮助溥仪到东北重新登基。

为了免除溥仪的怀疑，促使溥仪终下决心，土肥原又使伎俩，指示汉奸于11月8日在天津制造暴乱，土肥原乘机劫持溥仪离开天津，于11月13日到达营口。随后密送甚至旅顺，静观时机。

11月21日，国联大会决定组成李顿调查团赴中国东北调查"九一八"事变。为了对付李顿调查团，日本决定利用调查团尚未踏进中国国土的时机，加快策划成立伪"满洲国"的步伐，企图给占领东北披上"合法"的外衣，蒙骗世界舆论。

1932年1月4日，本庄繁同幕僚拟定出最后具体方案。方案决定成立管辖东北四省和蒙古的"满蒙中央政府"，"定都"长春，由溥仪担任"首脑"；"中央政府"设参议府，由蒙、满各一人，汉人三人，日本人三人组成；日本军队担当新国家的"国防军"。

该政府最迟在3月上旬，即国际联盟调查团到达东北之前成立。关东军的方案谎称，"满蒙中央政府"是中国人本身从内部分离出来的，并不违背《九国公约》和国联盟约的精神。

这一方案由板垣携往东京，日皇裕仁破格接见了板垣。

1932年1月13日，板垣携日本陆军省、海军省和外务省制订的《中国问题处理方针纲要》返回沈阳。

1月22日，关东军参谋长三宅光治召开了"建国幕僚会议"，具体制订了建立伪满洲国的方案。此后，便加快了建立伪满洲国的速度。

2月16日，按照关东军的指导和板垣拟订的方案，张景惠等各地汉奸头目在沈阳召开炮制伪满洲国的"建国会议"。17日，以张景惠为"委员长"的伪东北行政委员会宣告成立，并于次日发表宣言，与南京国民政府脱离关系。

25日，板垣代表关东军司令官向"东北行政委员会"提出经日本政府和军部批准的方案，指定国名为"满洲国"，元首称"执政"，年号"大同"。伪满洲国版图包括奉天、吉林、黑龙江、热河四省及呼伦贝尔、哲里木、昭乌达、卓索图各盟。以红蓝白黑满地黄五色旗为"国旗"，"国都"定在长春，改称"新京"。

2月22日，板垣到旅顺与溥仪会晤。痴心复辟的溥仪不肯出任"执政"，要求恢复帝制。后在板垣威胁要"用对待敌人的手段作答复"的情况下，溥仪答应暂任执政一年。这样，伪满洲国的筹备工作便告结束。

1932年3月1日，按照日本的旨意，张景惠以"伪满洲国"政府的名义发表了《建国宣言》，宣布伪满洲国成立，以溥仪为执政，郑孝胥为国务总理。

3月9日，溥仪在日本文武官员和大小汉奸簇拥下，在长春粉墨登场，就任执政。3月10日根据关东军司令部提出的名单，溥仪任命了伪满洲国的主要官吏。

随后，溥仪同本庄繁以"换文"的方式签订了《日满密约》，规定：

"满洲国"之国防及维持治安委诸日本；"铁路、港湾、水路、航空线等之管理并新路之布设"，均委请日本及日本指定之机关；日本人可任"参议"和"其他中央及地方各官署之官

吏"，关东军司令有"保荐"权、"解职"权等。

　　1932年9月15日，日本宣布正式承认伪满洲国。同一天，日本和伪满洲国在长春签订了《日满议定书》，规定伪满尊重和确认"日本国或日本臣民在'满洲国'领域内根据以往日中两国间的条约、协定、其他条款以及公私契约所享有的一切权力和利益"；"日本国军队驻扎在'满洲国'境内"，"两国"共同担负防卫"国家"的责任。

　　《日满议定书》以正式条约的形式，确认了日本在中国东北的军事、政治和经济的控制权，日本指挥伪满洲国的一切行动，中国东北从此沦为日本的新型殖民地。

　　1934年3月1日，伪满洲国更名为"满洲帝国"，溥仪在长春郊外的祭坛上，告天即皇帝位，年号康德，郑孝胥改称"国务总理大臣"，行政体制改为君主立宪制。

　　1934年10月1日，"满洲帝国"公布新的《省官制》，将热河省在内的原东北四省划为10个省，12月又把原来的兴安省划分为东、南、西、北四省。实际上分为奉天、滨江、吉林、龙江、三江、间岛、安东、锦州、热河、黑河、兴安东、兴安南、兴安西、兴安北等14省。此外还有新京、哈尔滨两个特别市和东省特别区。

　　1937年增设通化省和牡丹江省。1939年增设北安省和东安省。1941年增设四平省。这样，伪满洲国最后便由19省、两市所构成。

　　伪满洲国实际上是日本的傀儡政权，它的成立，为日本帝国主义进一步扩大侵略中国的战争，并最终发动太平洋战争，提供了前进基地。

日本侵华战争全面展开

日本帝国主义发动"九一八"事变侵占中国东北后，逐步把侵略范围向华北地区扩张。

至1937年上半年，日军已对平津地区形成了半包围的战略态势。日本在华北的兵力已达8000多人，加上日军豢养的伪军，对华北安全构成威胁。驻中国东北的关东军辖4个师、4个旅和5个独立守备队，成为进攻华北的二线部队。

中国军队拥有庞大的陆军，并从1933年起对陆军的装备、编制进行整顿，中央部队的力量有所加强。但是当时，中国在平津地区的军队仅有第二十九军。该军辖步兵师4个、骑兵师一个、独立骑兵旅和独立旅各一个、冀北保安队一个，总兵力约10万人，军长宋哲元。第二十九军分散于张家口、北平、天津及平绥、北宁铁路沿线。

驻平津前线的中国第二十九军，面对日军的包围和挑衅，进行了一些战备工作。与此同时，还加强了宛平卢沟桥地区的防御部署。守卫接防后，即以得到加强的第三营部署于宛平城和卢沟桥一带；以第一、第二营和团部集结于长辛店地区。

日军在威胁利诱宋哲元和第二十九军失败后，即从军事上步步进逼，蓄谋重演"九一八"事变的故技。为此，日军从1937年5月起，频繁地在宛平卢沟桥附近举行挑衅性军事演习。

1937年7月6日，驻丰台日军要求通过宛平城到长辛店一带演习，遭到驻军拒绝，但日军坚持不退，至晚始返丰台。

1937年7月7日夜间，驻丰台日军一个连未经中方允许，即以军事演习为名，到卢沟桥之回龙庙—大瓦窑中国驻军防区附近耀武扬威。

深夜零时许，日本驻北平特务机关长松井太久郎电话告知中国冀察当局，诡称：日军在卢沟桥演习时，失落士兵一名，要求进宛平城搜查。日方的无理要求遭到中方拒绝后，仍坚持要派兵入城，否则"将以武力保卫前进"。

冀察当局为防止事态扩大，经与日方商量，双方先派人进城调查，再寻处理办法。正当双方交涉之际，中国驻屯旅已令丰台日军第三营赶赴卢沟桥待命。

不久，日方虽得知失踪的士兵已归队，但仍提出让日军进至东门城内数十米处，再行谈判的要求，又遭中方拒绝。

7月8日晨5时，正值双方商讨调查办法之际，日军突然向宛平中国守军发

卢沟桥

起攻击，中国第二十九军官兵被迫奋起还击，由此揭开了日本全面侵华和中国全国性抗战的战幕，同时这也是第二次世界大战在东方的爆发。

7月8日，中国共产党就通电全国：

全中国的同胞们！平津危急！华北危急！中华民族危急！只有全民族实行抗战，才是我们的出路！我们要求立刻给进攻的日军以坚决的反攻，并立刻准备应付新的大事变。

同一天，红军将领致电蒋介石，表示"愿在委员长领导之下，为国效命，与敌周旋，以达保家卫国之目的"。

　　7月8日，日军3次炮击和进攻宛平驻军，并攻占了永定河东岸的回龙庙附近和铁路桥以南部分地区。随后，又调集兵力，调整部署，准备9日进攻宛平城。

　　7月8日夜，中国第二十九军副军长秦德纯与日本驻北平特务机关长松井举行会谈，至次晨2时达口头协议：双方停止射击；日军撤至丰台，中国军队撤到永定河西岸；宛平由冀北保安队接防。但是日方意在缓兵，拒绝执行停火撤军协议。

　　7月9日，中国共产党代表周恩来等前往庐山会见蒋介石，共商抗日救国大计。在9日、10日两天之内，日军违约进攻宛平驻军，并复占铁路桥和回龙庙地区。10日夜，第二十九军展开猛烈反击，终将失地夺回。日军退至大枣山及其以东地域待援。

　　7月11日上午，日本内阁会议通过了杉山陆相提出的派兵案，即：从关东军抽两个旅，从朝鲜军调一个师，从国内派3个师和18个飞行中队，到华北参战。同时，会议还将"七七"事变改称"华北事变"。接着，近卫首相和陆海军首脑分别上奏天皇，均获批准。

　　11日下午，日本政府发表了《派兵华北的声明》，诬陷中国第二十九军挑起了"卢沟桥事变"，声称："内阁会议上下了重大决心，决定采取必要措施，立即增兵华北。"

　　随后，近卫首相连夜召集两院议员代表、财界实力人物和新闻界人士开会，介绍内阁决定出兵的决心，争取各界支持。同日晚，日陆军参谋部分别向关东军和朝鲜军发布命令，迅速动员指派的部队向华北开进。

　　这一天，陆海军还就在华北协同作战问题达成了协议。与此同时，日本天皇钦命香月清司接任中国驻屯军司令官。

　　7月12日，香月赶赴天津后，立即召开军事会议，决定动用第一批增援的兵力，一举歼灭中国第二十九军，并于7月20日前"做好适应全面对华作战的准备"。7月15日，日陆军参谋部下令组编临时航空兵团，并将其所辖之18个飞行中队调往中国东北待机。

　　7月15日至17日，日陆军参谋部又相继作出形势判断，制订了《对华作战要领》和《在华使用兵力时对华战争指导大纲》，认为"迅速收拾时局下最大决心的时机已经到来"。规定作战方针是："尽量限定于华北作战"，"根据情况，预计可能转向全面对华战争"。接着，增派的日军源源不断地运往中国。

　　7月13日，毛泽东在延安召开的共产党员和工作人员会议上，号召大家"完成一切必要的准备，随时出动，到抗日前线"。

　　7月21日，中国共产党中央发出内部指示，针对事变发展可能出现的对日积极抗战或者对日妥协的两种前途，提出的总任务是：争取第一个前途的出现，反对一切丧失任何中国领土主权的妥协。

　　7月23日，中国共产党中央又发表了《为日本帝国主义进攻华北第二次宣言》，号召所有中华民族的儿女们：

　　　紧密地联合起来，紧急动员起来，拼着我们民族的生命去求
得我们民族的最后胜利！

　　与中国共产党坚定的抗日立场相比，国民政府迟迟未下决心，痛失战机。"七七"事变爆发后，蒋介石和国民政府提出了"不屈服、不扩大"和"不求战，必抗战"的方针。

　　一方面，在军事上进行部署，准备应战；另一方面，急欲与日本政府直接交涉或者由地方当局与日军代表折中，以便早日和平解决；同时，还把希望寄托在列强的干涉上。为此，蒋介石采取了诸多谋和行动。

　　但是，所有的措施最终均成泡影。在此种情况下，蒋介石于7月17日在庐山发表应战谈话。

　　谈话提出了解决事变的原则：任何解决，不得侵害中国主权与领土之完整；冀察行政组织，不容有任何不合法之改变；中央政府所派地方官吏，如冀察政务委员会委员长宋哲元等，不能任人要求撤换；第二十九军现在所驻

地区，不能受任何约束。

谈话还阐述了"只是应战，而不是求战"的抗战方针，指出："我们知道全国应战以后之局势，就只有牺牲到底，无丝毫侥幸求免之理。"

蒋介石的这个谈话确定了准备抗战的方针，为国民党多年以来在对外问题上的第一次正确的宣言，因此，受到了全国同胞的欢迎。但是，蒋介石依赖外援、和平解决事变的幻想，并未打消。

与此同时，日本中国驻屯军，一面压迫宋哲元接受种种苛刻条件，一面调兵遣将，加紧部署。至7月20日，第一批增援之第二十师已抵达天津、唐山、山海关一线；独立混成第一旅和第十一旅，分别集结于怀柔和高丽营地区。日军进攻平津的条件已经成熟，只待时机和借口了。

7月25日，日军第二十师一部以修理军用电话为名，闯入廊坊车站与中国守军发生冲突，制造了廊坊事件。

7月26日，驻天津日军一部由丰台分乘26辆卡车冒充日本领事馆卫队演习返回北平城，被广安门中国守军以武力阻止，制造了广安门事件。

● 在卢沟桥上抗击日军的二十九军将士

廊坊和广安门事件发生后，对正在寻找进攻借口和时机的日本当局来说，如获至宝。经天皇批准，日陆军参谋部立即命令中国驻屯军向第二十九军发动攻击，并下令国内进行第二次动员，增调5个师约20万人到中国。此时，日本中国驻屯军也下达了进攻第二十九军的命令，决心集中一个师和3个旅在临时航空兵团配合下，首先攻占北平。

廊坊、广安门事件发生后，宋哲元深感日军大举进攻迫在眉睫。26日，他连续两次致电蒋介石，报告平津形势，并请求援助。

蒋介石复电说：增援平津，可直令孙连仲部加入。并令宋哲元：北平城要立即准备开战，宛平应死守勿失，决心大战，从速部署。

27日，宋哲元下令设城防司令部，以张维藩为城防司令；任命正接防的第一三二师师长赵登禹为南苑方面司令官。同时，将军部由南苑移到北平城内怀仁堂；又派戈定远星夜驰赴保定，催孙连仲、万福麟等部迅速北上，协同第二十九军作战。同日，宋哲元还向全国发出了"自卫守土"通电。

28日，在香月清司指挥下，日本中国驻屯军开始向北平附近的第二十九军发起总攻。日军从东、南、北三面突然向南苑兵营发起攻击。

由于中国驻军仓促应战，再加上战前营区周围没有构筑坚固工事，守军只能凭借营区围墙，进行顽强抵抗。日军在飞机和火炮大力支援下，反复向营区发动猛攻。经过5个多小时的激战，日军攻占南苑。

28日，与主攻南苑相配合，日军也分别向西苑、北苑和黄寺等地的第二十九军展开进攻。28日23时，宋哲元任命张自忠代理冀察政务委员会委员长兼北平市长，自己离开北平去保定。北平城内及其附近的第二十九军主力也开始向涿县方向撤退，另一部则向南口方向突围。

29日，北平遂告沦陷。

日军集中主力进攻北平时，天津兵力空虚。中国第二十九军驻天津之第三十八师一部，在副师长指挥下，于7月29日晨乘隙向天津日军发起进攻，并袭入东局子飞机场，攻占了天津火车总站和东站。

日本驻屯军司令官闻讯后，立即抽调北平第二十师一部和关东军增援天

津，并以临时航空兵团对天津守军及和平居民进行狂轰滥炸。在日军猛烈反击下，中国军队伤亡不断增加，遂于30日撤至马场方向，天津终陷敌手。

日军占领平津后，日本陆军准备把战争扩展到全华北之际，日本海军抢先一步，点燃了上海的战火，把战争由华北扩展到了华中。

其实，早在7月12日，日本海军军令部就制订了对华作战的秘密计划，确定第一阶段配合陆军进行华北作战，第二阶段在陆军配合下进行上海作战，并进而把战争扩展到华中和华南。

7月16日，驻上海日本海军第三舰队司令官长谷川清发现军部的上述意图后，立即上书东京陈述《对华作战用兵的意见》。

7月28日，日本当局下令撤退长江沿岸的日侨。8月8日，又要求第三舰队做好开战准备。

8月9日18时30分前后，驻上海日本海军陆战队中尉大山勇和水兵斋藤要藏，驱车冲进上海虹桥机场警戒线内挑衅，中国保安队阻止无效，将他们当场击毙，史称"虹桥事件"。

日本当局立即利用这一事件大做文章，要求中国政府撤出上海保安队，拆除一切防御工事。8月10日，日本陆海军紧急磋商，向上海派兵，并得到内阁的同意。

8月13日9时，日本内阁会议正式确认了派兵上海的方针，并批准了陆军省的派兵案。当天上午，日本海军陆战队在上海北站和北四川路之间同中国驻军发生武装冲突。

日军以虹口日租界为依托，先向天通庵、横浜路一带发起进攻，接着以主力向宝山路、八字桥、天通庵进攻，均被中国军队击溃。于是，"八一三"事变爆发。

8月14日，中国国民政府发表《自卫抗战声明书》，指出："中国为日本无止境之侵略所逼迫，兹已不得不实行自卫，抵抗暴力。"并调集陆军和空军投入自卫战斗。

同一天，日本海军还派海军航空兵轰炸了华中地区的杭州、南京和南昌

等城市。

8月14日晚，日本内阁召开临时紧急会议，内阁成员要求进行全面对华战争，迅速建立战时体制，正式对华宣战。8月15日，日本发表了《帝国政府声明》，声称："为了惩罚中国军队之暴戾，促使南京政府觉醒，如今不得不采取断然措施。"

还称：此举是为了"消灭类如此次事变所由发生之根源，并达到日、满、华三国融合和提携"之目的。这个声明，"把处理事变的目的，从解决局部事件扩大到全面地、根本地处理调整日华关系。"它表明日本政府即使进行"全面战争也在所不辞"。

8月15日，日陆军参谋部还下令实行第三次动员，并下令组建了以松井石根为司令官的上海派遣军，要求其迅速开赴上海作战。

8月18日，天皇裕仁召见陆海军两总长，提出了重点用兵，迅速结束战争的方针。陆海军省、部之间经过协商，决定陆军以华北为主战场，海军以华中为主战场，并对沿海实行封锁，切断中国的对外经济联系。

8月下旬，日本从国内抽调的增援部队相继运抵华北和上海前线，并开始投入当地的作战。

9月2日，日本内阁会议在讨论施政方针时，鉴于战争已由华北扩展到了华中，遂决定将"华北事变"正式改称"中国事变"，并于同日宣布。至此，中日战争已在华北和华中战场全面展开。

亚欧硝烟

第 二 次 世 界 大 战 的 爆 发

德意在欧非燃起战火

　　1929年至1933年，资本主义世界发生严重经济危机。德意法西斯国家为转嫁国内矛盾，在世界各地发动侵略战争。1935年10月，意军大举入侵埃塞俄比亚，随后又攻占阿尔巴尼亚；纳粹德国为对外侵略扩张，于1936年3月7日越过莱茵河，进入非军事区。两年后，侵入奥地利，轻取捷克斯洛伐克，在欧非燃起了战火。

意大利入侵
埃塞俄比亚

　　埃塞俄比亚位于地中海到阿拉伯海和印度洋的红海通道的南端，向来是兵家必争的战略要地。

　　它虽属高原地区，然而由于地处热带，北有红海，东有印度洋，故雨量充足。境内多河流湖泊，享灌溉之利，土地肥沃，农产品丰富，又有金、银、宝石、白金、铜、铁、煤和石油等矿产资源，故历来是欧洲列强争夺的目标。

　　意大利对埃塞俄比亚觊觎已久。

　　早在1889年，意大利便利用偷梁换柱的手法，将《乌查里条约》中的"埃塞俄比亚万王之王陛下在其与其他列强或政府所发生的一切交涉中，可以借助于意大利国王陛下的政府"中的"可以"两字在意大利文本中改写成"必须"，妄图使其成为保护国，因遭到埃塞俄比亚人民的强烈反对，而未能得逞。

　　1895年，意大利又派兵侵入埃塞俄比亚。埃塞俄比亚人民奋起反抗，并于1896年3月1日在阿杜瓦战役中大败意军，迫使意大利赔款，承认埃塞俄比亚人民的主权和独立。

　　1906年，意大利同英法两国签订了《三国协定》。根据协定，意大利又取得了修建连接厄立特里亚和意属索马里的铁路、使用欧加登地方的水源和牧场以及在北部开发植棉事业的特权。

　　1922年10月，意大利法西斯在夺取政权后，更加快了入侵埃塞俄比亚的步伐。

墨索里尼早在1925年就曾准备入侵，只是由于当时财政困难，军备不足，未敢贸然行动。1928年，墨索里尼胁迫埃塞俄比亚订立《意埃互惠条约》，企图借助条约，"通过和平途径"吞并，但未能得逞。

1929年至1933年席卷整个资本主义世界的经济大危机，给了意大利的经济以沉重的打击。在危机四伏的情况下，为转移国内人民的注意力，摆脱国内危机，意大利法西斯更加急于从战争寻找出路。

但因当时意大利实力有限，难以和英法在巴尔干、多瑙河和地中海东部地区展开争夺。而一旦侵占埃塞俄比亚，意大利便可将其在东非的几个殖民地连成一片，扼住欧亚航道的咽喉，切断英法同其亚洲殖民地的联系，有利于同英法的竞争；同时，还可控制尼罗河水源，将苏丹和埃及的整个灌溉体系掌握在自己手中。所以，墨索里尼一心要夺取埃塞俄比亚。

1934年2月8日，墨索里尼在一次秘密会议上说："由于《四国公约》未能得到批准，欧洲将走向战争，因此，意大利必须在1935年对埃塞俄比亚采取行动。在此之前，防止发生一切事件。"

为迅速造成既成事实，墨索里尼认为，"我们的行动将是非常迅速的，这样在外交上遇到麻烦的危险性就会很少。"

他主张实行速战速决，为做到这一点，他指示要大量使用现代化技术兵器，"在厄立特里亚和索马里至少要分别集中250架飞机、150辆坦克，大炮和毒气保持绝对优势，要有充足的弹药。"

随后意大利加紧入侵准备。3年内，意大利在其本土和殖民地的军队扩大至130万人。为了运送远征军，意大利准备了海船155艘以上。至战争爆发前，用海船"把40万军队、10万匹骡马、20000辆汽车、数目可观的粮食"和其他军用物资运到了战场。它还在索马里等地建造和修复了海港、机场、军事基地，铺设了通向埃塞俄比亚边境的公路。

为了进行战争，意大利向美国购买的武器、飞机、航空发动机、备件、石油、原料和其他军用品的数量猛增。英国对意大利扩大了煤、镍和其他战略物资的供应。

为了制造发动战争的口实，意大利于1934年12月5日在距意属索马里100千米至150千米处制造了瓦尔·瓦尔事件。意军出动飞机和装甲车，向正在担任保护调查索马里人游牧部落放牧范围的英国联合委员会的警卫部队发动突然袭击，埃军奋起还击，结果埃方死伤152人，意方死伤60多人。

然而意大利却贼喊捉贼，反诬事件是由埃塞俄比亚挑起的，蛮横地要求埃方："正式赔礼道歉，通过在当地向意大利国旗致敬的办法承认意大利占领瓦尔·瓦尔的合法性，把奥马尔·萨曼塔尔交给意大利惩处和支付20万埃塞俄比亚银元的赔偿费。"

1935年9月，意军统帅部决心在意属厄立特里亚和索马里集中近38万兵力，统由东北非意军总司令德·博诺将军指挥，分北、东、南三路，以北路为主攻方向，向埃腹地实施向心进攻，企图在短期内打败埃军队，占领埃首都亚的斯亚贝巴，一举灭亡埃国。

北路由德·博诺任司令官指挥，总兵力达25万人。南路由格拉齐亚尼指挥，集中了两个战役集群。在东路方向上有一个战役集群。

埃塞俄比亚军参战兵力约为37万至47万人，除皇室禁卫军和中央的军队外，多数为各省、各部族的民团。他们装备落后，缺乏训练，在力量对比如此悬殊之下，埃塞俄比亚人并没有被强大的意军吓倒，他们决心保卫自己的祖国，保卫自己的家园。埃军最高统帅是海尔·塞拉西一世皇帝。埃军统帅部的抗战计划是，实施山区机动防御作战，为尔后转入反攻创造条件。在北部展开的是塞乌姆、古克萨、穆鲁格塔等公爵的军队集群；在南部展开的是涅西布和德斯塔二位公爵的军队集群；在东部方向的埃军、预备队由禁卫军和一些地方部队担任。

1935年10月3日，意军大举入侵。德·博诺指挥的北路意军在580辆坦克和120架飞机的配合下侵入埃境，向德塞和亚的斯亚贝巴方向实施主要突击。

格拉齐亚尼指挥的南路意军在70辆坦克和38架飞机的配合下，由意属索马里入侵埃欧加登地区，向戈腊黑、哈拉尔方向进攻，试图切断吉布提—亚的斯亚贝巴铁路，牵制尽可能多的兵力。东路意军则试图从意属厄立特里亚

的阿萨布地域穿过纳基尔沙漠进攻德西埃，并牵制埃军的作战行动。

北路意军分左右两路向阿杜瓦城进攻。因意大利不宣而战，开始未遭抵抗。

10月4日，意军凭借猛烈炮火攻陷达罗泰克尔山道后，进逼喀西亚尔西山道。此处地势险要，距阿杜瓦城只有10千米，埃军凭险据守，意埃两军遂在此处发生激战。5日，意军出动飞机狂轰滥炸，埃军营房和诸多设施中弹被毁，埃军势渐不支。

6日，意军猛攻喀西亚尔西山道，埃军顽强抵抗并与意军展开肉搏，但终因势单力薄，该山道于6日10时被意军占领。

左右两翼意军会合后直扑阿杜瓦。塞乌姆公爵率军奋勇抵抗。但意军上有飞机轰炸扫射，下有坦克配合步兵作战，且援军源源而至，埃军虽浴血奋战，但终因力不能支，不得不放弃该城，退守提格雷省首府马卡累。

马卡累城形势极为险要。为攻打该城，意大利竟动用了12万大军。11

飞机和士兵 ⬇

月6日，意军一部曾一度闯入城区，但在埃军的英勇反击下，又被迫撤出。后来，由于皇帝姻亲古萨克公爵叛变，马卡累才于11月8日被意军占领。

南路意军遇到多路埃军的顽强阻击。在欧加登地区，埃军屡屡以小股部队出击，出奇制胜，战败意军强大的自动车队。10月中旬，埃军盖勃勃莱里阿将军率埃军一部，在欧加登地区阿那拉城附近与意军激战。

戈腊黑是沃迹丹省交通枢纽，是意军进攻的主要目标。意军虽连日对该镇进行疯狂轰炸，但埃军依然坚守不退。虽然该镇于11月8日落入意军之手，但意军也为此付出了不小代价。

东路意军也遭到埃军的奋勇抵抗。埃士兵常常采取夜间活动的方式，出其不意地袭击意军。他们撤退时又将粮食运走，并将水井填死，或将食盐投放在井内。意军常因无粮吃，无水喝，而被迫撤出占领的地方。因此，东路意军一直没有什么进展。

马卡累和戈腊黑战役后，英勇的埃塞俄比亚人民很快就阻止了意军的攻势。11月23日，南路埃军一举收复戈腊黑，北路埃军也在提格雷山区给侵略者以沉重打击。此时，埃塞俄比亚举国上下斗志昂扬，抗敌热情空前高涨，全国军民一致表示，坚决抗战到底，把侵略者从自己的国土上赶出去。而侵略军在埃人民的有力打击下士气低落，纪律松弛，给养不足，困难越来越大。

为摆脱战场上的颓势，1935年11月16日，墨索里尼决定以巴多里奥将军代替德·博诺为侵埃意军总司令。但这种战时易帅的做法，也帮不了侵略者的忙。

12月中旬，伊鲁姆和埃尤厄鲁两位公爵的军队集群在阿克苏姆地域，对占领军进行突然袭击，击毁坦克多辆。

1936年1月下旬，意埃双方在坦皮思地区展开激战，经过10天恶战，埃军缴获意军坦克18辆、野炮33门、机枪720挺、来复枪3654支，毙伤意军8000多人，解放了亚比亚边城。在埃军反击过程中，意军一些集团陷入合围，损失严重。

　　1936年2月起，战场形势发生急剧变化。意军凭借自己的空中优势，对埃军进行狂轰滥炸，杀伤大量埃军，使成片的和平居民区变成废墟。意军还肆意践踏国际公法，在战争中大量使用毒气，使大批军民中毒身亡，大大影响了埃军的战斗力。

　　在意军新的攻势下，埃军接连失利。

　　3月31日，埃皇海尔·塞拉西一世亲率大军在阿珊吉湖附近的梅丘阻击向首都逼近的意军。尽管埃军官兵奋勇作战，但毕竟顶不住意机的俯冲轰炸和毒气的袭击，不几天便全线崩溃。此役使埃主力部队遭到致命打击，而意军却由此打通了向埃首都前进的道路。

　　4月15日，首都的门户德塞重镇被迫放弃。4月26日，南路意军攻破萨萨巴纳一带防线，直逼季拉尔。4月底，意军逼近亚的斯亚贝巴。

　　5月3日，埃皇海尔·塞拉西流亡国外。5日，意军占领亚的斯亚贝巴。

　　9日，墨索里尼宣布吞并埃塞俄比亚。巴多里奥被任命为全权总督。随后，厄立特里亚和意属索马里合并为意属东非。

　　埃塞俄比亚军民作战英勇，并得到全世界爱好和平、主持正义的各国人民的广泛同情、有力声援和支持。尽管最后沦陷了，但人民并没有屈服，他们仍在敌后广泛开展英勇而巧妙的游击斗争，为恢复失去的国土而战斗。

　　意大利军队武装入侵埃塞俄比亚，在国际上引起了强烈的反响。但由于英、法、美等帝国主义的默许甚至纵容，这一可耻的行径并未得到十分有效的制止。

　　意大利入侵埃塞俄比亚，是第二次世界大战前法西斯势力侵略扩张和促进战争威胁的重要事件，对国际关系产生了十分重要的影响。

德意志
征服莱茵兰

　　莱茵兰是德国领土，与法国相邻。第一次世界大战后，战胜国迫使德国向法国和比利时保证莱茵兰非军事化。《凡尔赛和约》对此作了明确规定。

　　1925年由德、法、英、意、比等七国签订的《洛迦诺公约》对此再次作了重申。莱茵兰非军事化使德法边界德国一侧出现了一片缓冲地带。假如德国要进攻法国，那么，战争首先要在德国领土上进行。法德相比，显然法国在战略上占据优势。

　　倘若德国对其东邻，诸如波兰、捷克斯洛伐克等国挑起战争，由于法国和他们均订有互助条约，必将出兵干涉。而莱茵兰非军事区的存在，使法国很容易进入德国的工业中心鲁尔，对德国经济造成严重威胁。

　　反之，如果莱茵兰驻有德国军队，不仅法国本身的安全会受到直接威胁，而且对法国的东欧安全体系也将会带来致命打击。因此，莱茵兰非军事化对制约德国，防止它对外扩张，从而保障法国、波兰和东欧国家的安全具有重大意义。

　　1933年1月希特勒上台后，纳粹德国为对外侵略扩张，急于改变自己这种在战略上所处的不利地位，无奈国力有限，兵力不足，且受着《凡尔赛和约》和《洛迦诺公约》的种种束缚，一时难以如愿。

　　明知不敌而逞匹夫之勇，乃下下策。诡计多端的希特勒可并未急于采取行动，而是在一段时间里采取口头上多谈和平，暗中却积极准备战争。在政治上，他通过一系列措施，迅速实现了纳粹党的一党专政，使德国完全纳粹化，并加强了自己的独裁地位；在军事上，德国从秘密扩军到公开扩军，很

快便增强了军队的实力。

1935年5月2日，德国国防部长冯·勃洛姆堡将军向德国三军发出了第一个指令，要他们拟定重新占领莱茵兰非军事区的计划。这次行动的代号叫做"训练"。勃洛姆堡在指令中强调，下达"执行训练"字样的命令后，必须以闪电速度的奇袭来完成这一作战行动。

6月16日，在德国国防会议工作委员会的第十次会议上进一步讨论了进军莱茵兰的计划。会上，阿尔弗雷德·约德尔上校报告了这个计划的各项细节，提到了统帅部根据希特勒的指示所采取的向莱茵兰进军的初步措施。

1935年5月2日，《法苏互助条约》在巴黎签订。本来这一条约应该成为有效回击侵略者的基础，但由于法国签订条约只是为了将它用来作为同柏林谈判的筹码，而不准备认真履行自己的义务，实际上这项条约并未实行。但它却给一直在寻找机会破坏《洛迦诺公约》，准备进军莱茵兰的希特勒提供了口实。此后，希特勒一伙便以受到法苏结盟威胁为借口，大肆攻击《法苏互助条约》，甚至咒骂条约是犯罪，说如果法苏条约获得批准，这就意味着它将与捷克斯洛伐克同苏联已经缔结的条约联结在一起，使德国极易遭到这些国家的联合空中行动的攻击。

虽然希特勒一伙不断攻击《法苏互助条约》，但在一个时期内，法国并未批准该条约，而善择时机的希特勒也未立即采取行动，因为他不但需要一个废除《洛迦诺公约》的借口，也需要一个国际政治生活中的合适气候。

1935年10月，意大利发动了对埃塞俄比亚的侵略战争，英法对意无可奈何，国际联盟的制裁也未奏效。

1936年2月，意大利利用狂轰滥炸和施放毒气在战场上取得了一定进展。墨索里尼侵略埃塞俄比亚逃脱惩罚，这让希特勒对莱茵兰非军事区采取行动更充满信心。

在1936年，对希特勒重占莱茵兰非军事区起鼓励作用还有另外一件事，那就是美国总统罗斯福在1月6日重申美国今后对欧洲事务将持严守中立的超然态度。这让希特勒相信他对莱茵兰采取军事行动决不会有什么太大的麻

烦。希特勒巧妙利用英法意之间的矛盾，成功地拆散了西方的反德阵线，并利用意埃战争将意大利拉到自己一边。

1936年2月22日，墨索里尼向德保证，如果德国废除《洛迦诺公约》，意大利不会支持英法反德。随着事态的发展，通向莱茵兰非军事区的道路已经开通，德军开入莱茵兰只是时机问题了。

根据《洛迦诺公约》，德国若入侵非军事区，法国有权使用武力，英国有义务支持法国的行动。然而面对德国在莱茵兰制造的紧张局势，英法两国一味妥协退让。

◊ 莱茵河风光

从1935年起，这一地区的局势日趋紧张，关于该地区形势的情报也不断从法国驻德机构送往巴黎。

1935年4月12日，法国驻科隆总领事让·多勃雷向法国外交部报回的情报中说，德国人正在赶修新营房、武器弹药库、军用汽车库、飞机场、铁路和公路。

1935年6月，驻柏林陆军武官写信给法国陆军部长说，德国政府在莱茵兰地区设立征兵办公室。他认为，尽管德国仍然尊重莱茵兰非军事化条款，但"取消这个决定的问题总有一天会提到议事日程上来"。

后来他又多次重申这一看法，并认为："这个日子不太遥远了。"

同年秋天，莱茵兰地区的局势更加紧张。10月，法国陆军情报局报告说，德国人正在积极地准备重新占领非军事区。法国驻德大使弗朗索瓦·庞塞根据10月21日同希特勒的谈话断言，希特勒马上要报仇了，很快就要进军莱茵兰。

根据这些情报，法国政府和军队本应采取相应的防范措施，在各方面做好粉碎德国军事冒险的准备。但法国方面并没有这么做，而是将自己的安全寄托在国联理事会、盟国，特别是英国身上。

1936年1月24日，法国外交部长弗朗丹曾通过外交部提请国防部注意防范问题，并要求就此提出建议。2月12日，陆军部长莫兰将军在他签署的一份陆军参谋部致弗朗丹的电文中提出某些预防措施，但其中没有一项是准备反击的措施。2月17日，莫兰代表军队再次致函弗朗丹。

2月25日，军队由于害怕希特勒以批准法苏条约为进军莱茵兰的借口，居然建议外交部推迟批准该条约。2月27日，法国内阁确定了法国在莱茵兰问题上的行动方针：

一是法国政府将不单独采取行动，而要和《洛迦诺公约》签字国一致行动。

二是一旦《凡尔赛和约》受到明目张胆的和不容置疑的破坏，法国政府即将和英国、比利时和意大利政府进行协商，以期协调一致，采取共同行动，执行《国际联盟盟约》和《洛迦诺公约》的规定。

三是在等待各承担义务的国家提出建议期间，法国政府保留采取一切预防措施的权利，包括军事性质的措施。

希特勒认为，解决莱茵兰问题宜早不宜迟，否则，如意大利在埃塞俄比亚得手，英国就更不愿意在莱茵兰问题上妥协了，意大利也将更难对付。

1936年2月27日，法国众议院批准了法苏条约。进军的时机终于成熟了。

3月1日，希特勒决定占领莱茵兰。

3月2日，勃洛姆堡发出了占领莱茵兰的正式命令。他要求陆、空军部队同时出其不意地进入莱茵兰非军事区；为保持行动的和平性质，准备工作应尽量做得不惹人注意；假如《洛迦诺公约》的其他签字国，通过军事准备来对德军进入莱茵兰做出反应，任何军事上的"反措施"都要由他来决定。这里所说的反措施就是"赶紧将三营德军从莱茵河西岸撤回"。

1936年3月7日星期六，英法两国法定的休息日，凌晨，德国一支象征性的小分队奉命越过莱茵河，进入非军事区。

上午10时，德国外长牛赖特召见《洛迦诺公约》缔约国驻德大使，交给他们一份废除《洛迦诺公约》和提出新的和平计划的照会。

德国在照会中建议，同比利时和法国签订为期25年的互不侵犯条约，并由英国和意大利出面保证；同德国东方诸邻国签订同样的互不侵犯条约；同意法德边界两边都非军事化；与西方国家签订空军条约，国联改组后，德国可能重返国联。然后德国外长告诉他们说，德国"象征性的小分队"正在进入莱茵兰地区。中午，希特勒在国会发表演讲，他说：

> 德国不断地、反复地提出和法国保持友好关系和保障和平，而法国却拿法苏军事同盟来回答我们，这个军事同盟是专门对付德国的，这是对《莱茵条约》的破坏。
>
> 《洛迦诺公约》从此失去了它的实质意义，实际上已经不存在了。因此，德国不应该再受这个失效的公约的约束了。

当时，希特勒作出的决定使德国的将领们感到惶惶不安，他们多数人认为，占领莱茵兰的少量德国部队会被法国军队彻底歼灭。希特勒的计划付诸实施之后，将军们依然坐卧不宁。

希特勒之后也承认："在进军莱茵兰以后的48小时，是我一生中神经最紧张的时刻。如果当时法国人也开进莱茵兰，我们就只好夹着尾巴撤退，

英国外交大臣艾登

因为我们手中可资利用的那点军事力量，即使是用来稍作抵抗，也是完全不够的。"

3月7日，德军进入莱茵兰的当天，法国总理萨罗在自己的办公室召集三位阁僚以及莫兰和甘末林开会。但最后会议未作任何决定。

3月9日，在内阁会议上由于莫兰危言耸听，内阁会议作出如下决定：向国联理事会和《洛迦诺公约》缔约国发出呼吁，要求"立即召开国联会议，在巴黎同《洛迦诺公约》各缔约国进行磋商"。

法国人不愿为了自己国家的利益出兵莱茵兰，但又不愿意公开承认这一点。于是将法国的命运交由国联和《洛迦诺公约》缔约国来裁决。

实际上，法国最重要的盟国英国早在一年以前就已决定了不干预德国占领莱茵兰的方针。

1935年年初，英国内阁在未征询总参谋部意见的情况下即作出结论：维持非军事区并非英国的重要利益。

1936年1月27日，法国外长弗朗丹乘参加英王乔治五世葬礼的机会，就德国人可能进军莱茵兰问题征求英国政府的意见。英国外交大臣艾登却认为莱茵兰非军事区的存在与否只是法国的事，与英国完全无关。

3月10日，《洛迦诺公约》签字国在法国外交部举行会议，弗朗丹以虚假的强硬姿态表示：如果我们要和平，就必须立即把德国人从莱茵兰赶出去，要求对德国实行经济、财政和军事制裁。

亚欧硝烟

艾登在会上重申，英国反对法国采取单方面行动。比利时首相保罗·范·齐兰支持艾登的意见。意大利大使沉默不语。后来会议改在伦敦继续进行，但始终未作出什么值得一提的决定。

3月14日至24日举行国联理事会行政院会议，19日通过决议，谴责德国重占莱茵兰破坏了《凡尔赛和约》和《洛迦诺公约》。

除此之外，有关与会国家做出了一定外交姿态，但各国的所谓"保证"和"义务"，毫无实际意义。正是英法两国没有以武力阻止希特勒毁约的勇气和决心，希特勒及其将领们所担心的灾难并未发生。希特勒的冒险成功了，这使希特勒乐不可支。

1936年3月21日，希特勒在汉堡得意扬扬地宣布："《凡尔赛和约》的精神已经摧毁了。"

希特勒因莱茵兰一举，不但"提高了声望，加强了手中的权力，分化了对手"，而且改变了整个欧洲的战略形势，决定了战前欧洲各国政策的基本走向。

纳粹党
吞并奥地利

　　奥地利和德国都是属于日耳曼民族文化范畴的国家。但前者从来不是德意志帝国的组成部分。历史上日耳曼人在政治、经济上曾有过大联合，但这种联合的核心是奥地利而不是普鲁士。直至19世纪，奥地利仍然恪守领导日耳曼人的传统，坚决反对普鲁士的兴起。只是在1866年的普奥战争之后，奥地利对日耳曼人的领导地位才为普鲁士所代替。

　　但是，德国早就梦想吞并奥地利。1933年希特勒成为德国总理后不久，便委任国会议员西奥多·哈比希特为奥地利纳粹党督察。希特勒还批准设立一个由几千人组成的奥地利军团，驻扎在沿奥地利边界的巴伐利亚境内，准备在适当的时候越过边界占领奥地利。

　　他还把流亡在外的奥地利党领袖阿尔弗雷德·法劳恩菲尔德弄到慕尼黑，让其每晚进行反对奥地利政府的煽动性广播。

　　此外，无孔不入的德国情报人员披着各种合法的外衣大量涌入奥地利。他们在奥地利发展情报人员，建立情报组织，进行旨在颠覆奥地利的宣传活动，支持已有的法西斯组织，建立新的法西斯团体，他们鼓动并联合奥地利法西斯分子，利用各种手段，攫取奥地利国家各部门的权力。

　　至1938年时，希特勒情报人员同奥地利法西斯分子已经一起控制了奥地利国家的许多要害部门。他们不但可以使德国及时了解奥地利的各种情况，而且大力影响奥地利政府的政策，使其适合德国的口味。

　　1934年7月25日，纳粹分子制造了暗杀奥地利总理陶尔斐斯事件。但这次纳粹暴动和1923年的啤酒馆暴动一样，很快便被平息了，参加暴动者被逮

捕，其中13人被处以极刑。

这次纳粹暴动之所以失败，除技术上的原因之外，主要是由于时机不当。

1934年，由于退出裁军会议和国际联盟，德国在外交上也处于极端孤立的地位。英法反对德国这种直接违反《凡尔赛和约》和《圣日耳曼条约》的做法，坚持应让奥地利继续保持独立。

此时的苏联正好首次表示愿意同西方一起签订一个东方《洛迦诺公约》，当然也不赞成德国在奥地利的行动，甚至同为法西斯的意大利也不站在德国一边。

希特勒无计可施，只好强忍了几年。

1935年5月21日，为了欺骗国际舆论，安抚奥地利，希特勒在国会公开宣称德国既不希望也不打算干涉奥地利内政，并吞奥地利，或者来一次合并。但是希特勒亡奥之心不死。他口头上奢谈和平，暗地里重整军备，表面上尊重奥地利的独立，背后却在加紧干着破坏奥地利独立的勾当。

经过几年紧锣密鼓的准备，至1938年年初情况已有了很大变化。此时的德国已经建立起一支陆海空各军种齐全的武装力量。德国已经完成了"打碎《凡尔赛和约》的枷锁"的任务，在希特勒看来，实现他长期孕育的目标的时机已经成熟了。

此时的国际环境非常糟糕。1937年4月，奥地利总理舒施尼格曾谋求英国发表一项保证奥地利政治独立和领土完整的声明，未果；法国政府拟与英国一起发表关于中欧问题的声明，也未成。

但张伯伦在1937年5月却对奥地利国务秘书施密特说："英国不仅希望与意大利，而且也希望与德国达成谅解。"

1937年11月19日，英国枢密院主席哈利法克斯去萨尔茨堡拜访希特勒，明确提出英国愿意承认德国在中欧的合法要求，只是"要通过和平演变的途径来实现这些改变。要避免使用可能引起巨大骚乱的方法"。

此时的法国唯英国的马首是瞻，没有英国的支持，法国不会单独对德国

采取战争行动，尽管它不愿意看到奥地利失去其独立地位。法国总理也曾明确表示，如果德国吞并奥地利，法国将不参战。

1937年9月，墨索里尼访问柏林，重申两国之间的团结，并对彼此的势力范围达成一个总的协议，"意大利在地中海的行动将不会受到德国的阻碍，而另一方面，德国在奥地利的特殊利益也将不会受到意大利的损害。"

至1937年年底，意大利与德国的关系更密切了。当时，奥地利国内更是危机四起。

1936年7月11日，奥地利与德国签订了奥德协定。根据协定，德国政府承认奥地利的主权，保证不干涉奥地利的内政；奥地利则保证其对德政策"始终遵循那条与这一事实相符的基本路线：奥地利承认自己是一个德意志国家"。但在这项条约的秘密条款中，舒施尼格做出了后果极其严重的让步，他表示同意大赦在奥地利的纳粹政治犯，保证让"民族反对派"——纳粹党人或纳粹党的同情者———加入祖国阵线并参加政府，让他们担任"政治上负责任"的职务。这就等于让希特勒在奥地利安插自己的人手，以作为将来德国对奥地利采取行动时的内应。

1937年，奥地利纳粹分子加紧恐怖活动，制造了一起又一起爆炸事件。他们还计划像杀害陶尔斐斯一样干掉舒施尼格。此外，国家许多部门的权力已落入他们之手。

1938年1月25日，奥地利警察在搜查一个叫做"七人委员会的团体"在维也纳建立的办公处时，发现了由元首的代表鲁道夫·赫斯署名的文件，文件表明奥地利纳粹分子在国防军支援下将在1938年春天发动公开反叛。

1938年2月12日，经帕彭的一番活动，舒施尼格同希特勒进行了一次后来被证明是决定命运的会谈。会谈一开始，希特勒便给舒施尼格来了个下马威。他指责奥地利在德国历史上的破坏作用，大骂奥地利在边境上构筑对付德国的工事。

当日午后，德国外长里宾特洛甫交给舒施尼格一份"协定"草案。草案要求取消对奥地利纳粹党的禁令，释放所有监禁着的纳粹分子，必须让亲纳

粹的维也纳律师赛斯·英夸特担任内政部长，要由他主管警察和保安事务，必须让另外两名亲纳粹分子分别担任国防部长和财政部长。

"草案"还规定，要通过有步骤地交换100名军官等措施来使德奥两国军队建立更加密切的关系，要做好准备，使奥地利纳入德国经济体系。

这分明是一份奥地利的卖身文书，希特勒却要舒施尼格原封不动地在这个文件上签字，限期3天，不然就要下令向奥地利进军。

法西斯头子希特勒

舒施尼格表示愿意签字，但他不能担保协定会得到批准。后来，希特勒表示再宽限3天的时间来实施这个协定，并使草案的措辞多少温和了一些。在得到这些所谓的让步之后，这位奥地利总理无可奈何地在奥地利的卖身契上签了字。

2月13日上午，舒施尼格返回维也纳后，立即向总统米克拉斯作了汇报。米克拉斯表示可以释放奥地利纳粹分子，但不同意让赛斯·英夸特主管警察和陆军。13日下午，希特勒批准对奥地利施加军事压力，这种压力要保持到2月15日，即希特勒宽限的最后一天。在军事压力下，米克拉斯总统屈服了。

16日，奥地利政府宣布对纳粹分子，包括在暗杀陶尔斐斯案件中被定罪的那些人进行大赦，并且改组内阁，让赛斯·英夸特当上了内政部长。这位新部长立即去柏林晋见希特勒。

　　2月20日，希特勒向国会发表演说，他明白无误地向世人宣告，今后700万奥地利人和300万在捷克斯洛伐克的苏台德区的日耳曼人的前途是第三帝国的事情。在签订了奥地利的卖身文书后，舒施尼格在国内的日子很不好过。为了对国人有个交代，他决定在3月13日那天举行公民投票。

　　当柏林的希特勒获知这一消息后，希特勒决定对奥地利进行军事占领。

　　要阻止奥地利13日的投票，德军必须在12日前开入奥地利，然而当时德国军方并没有进军的计划。于是，当初为阻止哈布斯堡王室太子奥托的复辟企图而拟定的"奥托特别方案"便被拿来应急。

　　10日下午6时30分，向陆军3个军和空军下达了动员令。11日2时，希特勒发布了关于奥托军事行动的第一号指令。11日清晨，德军的卡车与坦克开始向德奥边境进发。

　　上午10时，赛斯·英夸特和刚从柏林飞来并给前者带来希特勒关于如何对付这次公民投票指示的格拉斯·霍尔斯特瑞，一起拜会了奥地利总理，并向他提交了希特勒的要求：取消原定的公民投票，3星期后举行另一次公民投票。下午14时，舒施尼格召见赛斯·英夸特，告诉他同意取消这次公民投票。这时，戈林的价码又提高了。经同希特勒商量，戈林在14时45分打电话给赛斯·英夸特，要求舒施尼格辞职，并且必须在两小时内任命赛斯·英夸特为总理。

　　当天下午，米克拉斯总统勉强同意舒施尼格辞职，但坚决不肯让赛斯·英夸特继任总理。17时30分，戈林打电话命令赛斯·英夸特跟德国武官莫夫中将一起去告诉米克拉斯总统说，如果不立即接受条件，已经在向边境前进的部队将全线开入，但这位倔强的总统仍坚持不从。20时45分，希特勒发出了入侵命令。

　　奥地利政府本来对英法两国政府抱着一线希望，但英国对德国致奥地利最后通牒的反应只是提出外交上的抗议，而法国的总理及其内阁已于3月10日辞职，直至13日已经宣布德奥合并后，才有了一个新组成的法国政府，这期间巴黎一直未采取任何行动。

　　在德国大兵压境的情况下，米克拉斯总统屈服了。赛斯·英夸特最终被任命为总理。但希特勒仍然让军队按计划进入奥地利。

　　13日深夜，由德国的内政部次长威廉·斯图卡特奉希特勒之命拟定的"规定德奥完全合并的法律"，由已经接掌总统权力的赛斯·英夸特签字送到了希特勒面前。很快，希特勒、戈林、里宾特洛甫、弗立克和赫斯在这个所谓德奥合并法上签了字，并于同日由德国政府在林茨颁布。它规定奥地利是德意志帝国的一个邦，奥地利人在4月10日就"同德国合并问题"举行公民投票。3月18日，希特勒宣布，德国人也要就此举行公民投票。

　　就这样，希特勒不折一兵一卒便为德国增加了700万臣民，而且大大加强了德国的战略地位。纳粹德国不仅得到了维也纳这个通向东南欧的门户，而且使捷克斯洛伐克处在自己军队的三面包围之中。

德国轻取
捷克斯洛伐克

捷克斯洛伐克人的祖先曾建立起古老的波希米亚王国，16世纪时为哈布斯堡帝国兼并，1918年捷克斯洛伐克重新独立。

这里有发达的军事工业，有装备精良、训练有素的数十万军队，有坚固的号称"捷克的马其诺防线"的抵御外敌入侵的防御工事。

1925年，捷克斯洛伐克与法国订立《联盟条约》；1935年又与苏联订立了《互助条约》。法国与德国世代为仇，苏联又是德欲置之于死地的，而作为法国的盟友、受苏联保护的民主国家，作为第一次世界大战后使德国人深恶痛绝的和约的产物，纳粹德国与希特勒自然容不下捷克斯洛伐克。

更为重要的是，捷克斯洛伐克地处中欧，在地理上具有重要的战略地位，是希特勒向东侵略扩张、解决德国"生存空间"道路上的一大障碍。所以，德国吞并奥地利之后，捷克斯洛伐克自然成为下一个猎物。

纳粹德国在吞并奥地利之后，之所以立即把矛头指向捷克斯洛伐克，很重要的一个原因是当时英法两国的毫无作为。

1938年3月17日，英国首相张伯伦拒绝苏联关于举行一次"四国会议"，以讨论制止德国进一步侵略的问题，希特勒自然不再把法国放在心上了。

其实，早在1937年6月24日，冯·勃洛姆堡就根据希特勒的命令主持制订了入侵捷克斯洛伐克的"绿色方案"。同年11月5日，希特勒对这一方案又进行了详细说明，他要求德国的高级将领要"以闪电式的速度来进行""对捷克人的突袭"，并确定了执行这一方案的可能时间是1938年。

德国征服奥地利之后不久，即1938年4月21日，希特勒召见凯特尔，商谈如何根据当前形势修改"绿色方案"，并立即展开各项准备工作。

捷克斯洛伐克苏台德区的德意志人成为纳粹德国对捷侵略的马前卒。1933年10月，苏台德德意志人成立了以康拉德·亨莱因为首的"苏台德德意志祖国阵线"，1935年改名为"苏台德德意志人党"。

希特勒秘密为该党提供武器、经费。至德奥合并时，该党已成为捷克斯洛伐克境内的"第五纵队"，随时准备执行希特勒的命令。

1938年3月28日，亨莱因前往柏林接受希特勒的命令，希特勒指示他，要向捷克政府提出不能接受的要求。

4月24日，在卡尔斯巴德召开的苏台德德意志人党代表大会上，亨莱因提出了苏台德区完全"自治"的纲领，要求释放被监禁的纳粹政治犯；享受宣传民族社会主义的充分自由；赔偿1919年以来的经济损失；改变捷克斯洛伐克与法苏联盟对抗德国的外交政策。

显然，如果满足苏台德德意志入党的要求，捷克斯洛伐克将不再是一个独立的国家。贝奈斯政府同意释放政治犯，但拒绝实行苏台德区"自治"的要求。5月9日，亨莱因宣布他的党同捷克政府之间的谈判已告破裂。

5月中旬，亨莱因分子开始在国内散发告士兵书，劝诫国民放弃反抗。苏台德德意志人党还宣布，预定在5月22日举行的市政府选举是关于苏台德区并入德国问题的公民投票。

5月16日，希特勒向国防军统帅部询问，"一旦动员的话"，在捷克前线有多少个师"随时能在12小时以内挺进"？

5月17日，他又急切地了解捷克境内防御工事的情况。

5月20日，凯特尔向希特勒提交了一份根据"绿色方案"的新草案。同时，德国报界传出德国军队调动的消息。

在此迫在眉睫之际，5月20日下午，在贝奈斯总统的主持下，捷克内阁举行紧急会议，会议决定立即实行部分动员，军队进入了边防筑垒工事。

当时，欧洲各国也纷纷表态。法国重申立刻援助捷克斯洛伐克的诺言；

苏联表示，如果捷克政府提出要求，准备提供援助；英国则通过其驻德大使和外交部长再三向德国指出局势的严重性，警告说，欧洲一旦发生战事，英国能否置身事外，殊难预料。

为了缓和紧张的形势，5月23日，德国政府通知捷克驻柏林公使，德国没有侵略捷克斯洛伐克的企图，关于德军在边境集结的报道是没有根据的。5月26日，希特勒又命令亨莱因恢复同贝奈斯的谈判。

5月28日，感到受到了极大的侮辱的希特勒在总理府对国防军高级军官宣布了一项重大决定，表示要"彻底地解决苏台德问题"，"把捷克斯洛伐克从地图上抹掉"。此后，纳粹德国开始忙于制订捷克斯洛伐克的最后计划。到了这年夏末，入侵捷克的各项准备工作已经完全就绪。

9月3日，希特勒在伯格霍夫同统帅部参谋长凯特尔、陆军总司令布劳希奇一起研究入侵捷克的各项安排，决定各野战部队在9月28日进入德捷边境沿线的阵地。

德军装甲部队（模拟场景）

在这几个月里，希特勒感到非常高兴，因为他收到了很多好消息。

6月8日，德驻苏大使舒伦堡向柏林报告说，苏联极少可能出兵援助捷克斯洛伐克。德国驻波兰大使冯·毛奇不断向柏林报告说，波兰不但不愿让苏联人假道以军队和飞机援捷，而且对捷克的领土也垂涎欲滴。

8月3日，张伯伦派下院议员伦西曼赴捷"调查"，并充当苏台德危机的"调解人"。实际上他的真正使命是为把苏台德区转交给德国人铺平道路。

希特勒也不忘记对与捷克斯洛伐克有领土争议的匈牙利做工作。8月23日，希特勒在接待匈牙利的摄政霍尔蒂和匈牙利政府成员时，别有用心地挑动他们说："谁要想坐席，至少得帮厨。"

在内外交困之下，9月5日，贝奈斯总统在赫拉德欣宫召见了苏台德人的领袖孔特和西伯科夫斯基，要他们书面提出全部要求，不论什么要求，他都答应接受。但是，希特勒想要的不是这些，而是整个捷克斯洛伐克。希特勒所担心的正是贝奈斯的这一手。

9月7日，根据柏林的指示，亨莱因以捷克警察所谓过火行为而中断了同捷克斯洛伐克政府的一切谈判。此后，欧洲的紧张气氛日甚一日。

9月12日，在纽伦堡纳粹党大会的最后一天，希特勒的闭幕演说通篇充满了对捷克斯洛伐克国家及其总统的粗暴攻击和恶毒咒骂。

希特勒的演说成了苏台德区叛乱的信号。但是捷克人并没有惊慌失措，捷克政府立即宣布戒严，派兵平息了叛乱，并控制了局势。亨莱因逃往德国，宣布只有将苏台德地区割让给德国才是解决问题的办法。

这时，法国人也开始坐立不安了。

9月13日，法国内阁整天开会，内阁认为，战争迫在眉睫，但法国是否应当根据条约履行对捷义务，内阁意见存在严重分歧。最后，达拉第要求张伯伦设法火速同希特勒谈判。当日23时，张伯伦急电希特勒，提议立即飞往德国以寻求和平解决办法。希特勒欣然应允。

1938年10月6日，在德国的支持和操纵下，斯洛伐克宣布成立自治政府，不久以后卢西尼亚也起而效之。这样，本来统一的捷克斯洛伐克共和国

便陷于分裂状态。10月21日，希特勒下达了武装部队必须随时准备清算捷克斯洛伐克的残存部分的命令，以便占领波希米亚和摩拉维亚。

1939年3月初，由德国人鼓动的斯洛伐克和卢西尼亚的分裂活动已经闹到布拉格政府必须作出决定的地步。

捷克政府决定采取断然措施，并于3月6日和9日，先后下令解散了卢西尼亚和斯洛伐克的自治政府；又下令逮捕积极从事分裂主义活动的斯洛伐克总理蒂索、都卡和杜尔坎斯基，并宣布在斯洛伐克实行戒严。

捷克斯洛伐克政府维护自己国家统一的行动，给希特勒提供了干涉的借口。3月13日，希特勒在柏林召见蒂索和杜尔坎斯基，要求他们宣布斯洛伐克"独立"。3月14日，斯洛伐克宣布独立。同日，卢西尼亚也宣布成立独立的"喀尔巴—乌克兰共和国"。

至此，布拉格政府手中只有波希米亚和摩拉维亚两块捷克人的土地了。为解决捷克斯洛伐克这块剩余土地时尽量做到合理合法，3月14日深夜，希特勒召见捷克斯洛伐克新任总统哈查和外长契瓦尔科夫斯基。

当时，德军已陈兵波希米亚和摩拉维亚边境，并已占领捷克的重要工业城市摩拉夫斯卡—俄斯特拉伐。3月15日3时55分，在希特勒、戈林和里宾特洛甫的强迫下，哈查在《德捷协定》上签了字。

3月15日清晨，德国军队未遇任何抵抗便侵入波希米亚和摩拉维亚。

3月16日，希特勒宣布成立波希米亚和摩拉维亚"保护国"。

在德军侵入波希米亚和摩拉维亚的同时，匈牙利军队也开进了卢西尼亚。第二天，卢西尼亚并入匈牙利。同日，斯洛伐克"总理"蒂索将德国人为其起草的请德国人"保护"的电报发往柏林，希特勒当即慷慨应允将斯洛伐克置于德国的保护之下。随即，德军开进了斯洛伐克。

至此，捷克斯洛伐克已经不复存在了。希特勒兵不血刃达到了"绿色方案"所要达到的全部目标。

但泽危机
弥漫欧洲上空

　　但泽位于波兰的北部，濒临波罗的海的格但斯克湾，这是一个略呈半圆形的海湾，位于波罗的海的东南部，部分以海尔半岛与波罗的海的主体相分隔，有波兰最大的河流维斯瓦河注入。

　　但泽在历史上最引人注目之处，就是自从1308年条顿骑士团征服该市以后的600多年间，它一直是德意志和波兰两大民族之间反复争夺的主要焦点。

　　由于它控制了维斯瓦河的入海口，是波兰最理想的出海口；同时它也是联结东普鲁士地区和德国大部分领土的咽喉要地。因此，波德两国均将该市视为自己的生命线，每次战争之后，失去这座城市的一方会引为奇耻大辱，并积极备战，于是又引发下一次的战争。

　　第一次世界大战中德国战败。战后，根据美国总统伍德罗·威尔逊提出的"十四点"原则，协约国同意波兰重新成为一个独立的民族国家。但如果完全按照民族分布来划分国界，新成立的波兰只能是一个内陆国家，周围又被强大的敌国所包围，将非常不利于它的生存。

　　波兰人根据地理形势，也根据历史上对但泽的拥有，希望重新得到这座城市作为波兰天然的出海口。波兰的愿望得到了协约国的支持。

　　最终各方妥协的结果是：1919年的《凡尔赛和约》中规定，波兰得到通往波罗的海的狭长的波兰走廊，而但泽成立自由市，一个在国际联盟保护下的半独立的准国家。

　　但泽自由市于1920年11月15日正式成立，管理内政的权力自然而然地落到了占绝对多数的德国居民手中，但自由市的外部事务在很大程度上受到波

兰的控制。

自由市发行自己的邮票和货币，货币上刻有铭文"但泽自由市"，以及该市的东方海运和历史的标志。

但是，无论是波兰还是德国，对这样的安排都并不满意。对于波兰人来说，但泽自由市的存在在事实上阻碍了波兰贸易，加上对定居该市的波兰人的限制，于是波兰政府决定在该市以西波兰走廊的部位新建格丁尼亚港口，不久这个新港口就占据了波兰海运出口总额的大部分份额。

而对于德国人来说，失去了但泽和"波兰走廊"地区，就使得德国领土被分成了不相连接的两块，连接德国大部分领土与东普鲁士之间的咽喉被"掐断"，位于"波兰走廊"和但泽自由市之东的东普鲁士成为一片孤岛。当地占多数的德国人甚至无权向其他有争议的地区一样举行公投，决定自己的归属。

因此，许多德国人一直对此耿耿于怀，在战后的德国引起了许多争议和复仇思想。慕尼黑会议之后不久，德国就认为，全面解决波兰和德国之间积怨的时机已经到来。

1938年10月24日，里宾特洛甫向波兰驻德大使利普斯基提出3条要求：

一、把但泽自由市归还德国；

二、由德国在波兰走廊建一条超级公路和一条双轨铁路，二者都要享有治外法权；

三、波兰参加反共产国际公约，共同反对苏联。作为报答，德国愿意将德波条约从10年延长到20年，并且对波兰边界作出保证。

11月19日，利普斯基根据外长贝克的指示通知里宾特洛甫："任何使自由市并入德国的趋势都将不可避免地导致一场冲突，不仅是局部性的，而且是危及整个波德关系的冲突。"

德军入侵（模拟场景）

希特勒对此做出了激烈反应。11月24日，他向三军司令发出命令，要求德国军队做好占领但泽自由市的准备。

1939年1月5日，希特勒在伯希特斯加登接见波兰外长贝克，两人再次谈到但泽问题。

希特勒说："但泽是德国的，它永远属于德国，它迟早会成为德国的一部分。然而我们可以保证不会在但泽造成什么既成事实。"

希特勒试图说服贝克答应他们的要求，但未能奏效。第二天，在同里宾特洛甫的谈话中，贝克表示，在但泽问题上，他"看不出有什么可能取得协议"。

3月21日，里宾特洛甫约利普斯基，再次向波兰提出领土要求，仍态度傲慢，气势逼人。里宾特洛甫警告说，元首"对波兰的态度越来越感到惊讶"。他希望波兰对德国的要求做出满意的答复。

3月26日，利普斯基把波兰政府拒绝德国建议的备忘录转交里宾特洛甫。波兰不允许德国侵占但泽。面对威胁，波兰征召后备兵入伍，并宣布实行局部动员。里宾特洛甫拒绝了波兰的备忘录，对波兰的动员措施大发雷霆，并宣布波兰军队对但泽领土的任何侵犯都认为是对德国的侵略。

第二天，里宾特洛甫再次召见波兰驻德大使，无中生有地指责在波兰境内发生的对日耳曼少数民族的迫害，说这件事"在德国"造成了"严重的影响"。他声称，由于波兰政府的态度，两国之间的关系已迅速恶化。

3月28日，贝克召见德国驻波大使声明，由德国或者由纳粹的但泽参议会任何改变这个自由市现状的企图，都将被波兰视为开战的理由。

德国在外交上采取攻势的同时，在军事上也在进行针对但泽自由市的准备。2月底起，每天都有德国军火从埃尔平运往但泽的警察营房。3月13日和14日，东普鲁士的德国军官沿着埃尔平—但泽公路和"可能的战场"一带进行侦察。

在斯洛伐克被占领后，德国立即在这个保护国中开始修筑工事。

在27日至31日的几天里，不断传来德国军队在斯洛伐克朝着波兰边界方

向频繁调动的报道。为防止不测，波兰在3月17日至25日期间也将部队和战争物资运往德波边界地区。

另外，但泽市的民社党党徒也猖狂活动，他们准备于3月29日起事，只是由于德国当局认为，"通过但泽去波兰是不合适的"，出面进行干涉，才未动手。

在3月的最后几天里，在波兰，人们预料德波战争可能随时爆发。到30日，波兰驻柏林大使馆的大多数官员和波兰侨民已将其家眷遣送回国，领事们已接到销毁机密文件的命令。此时，波兰国内也在为抗击德国侵略进行着紧张的准备。

1939年5月25日，希特勒已决定入侵波兰。此后，德国便加快了但泽军事化的进程，它利用多种借口将人员和武器送往但泽。

但泽当局大大增加警察的人数并组织志愿兵。6月底7月初，在但泽市区周围建造了工事，在维斯杜拉河上建造了一座浮桥，征用了房屋以储存军火，检查了全部摩托车辆和动员了马匹。

7月3日，但泽参议院颁布动员劳动力的法令，4日，关闭了霍尔小岛，以供存放武器和驻扎志愿兵之用。为德国私运武器进入但泽，波兰与但泽当局还发生了持续数月的海关争端。在整个6月和7月，人们都一直在担心，但泽会随时遭到德国的袭击。

8月初，纳粹德国领导人开始直接干涉波兰驻自由市的代表和但泽参议院之间的争端，对波兰施加更大的压力，直至9月1日战争爆发。

意大利攻占
阿尔巴尼亚

　　意大利的经济和军事实力远不如德国强大，但其野心却不亚于德国。意大利位于欧洲南部，主要由靴子型的亚平宁半岛和两个位于地中海中的大岛西西里岛和萨丁岛组成。

　　意大利早在19世纪中期国家统一之后，就走上了对外扩张的资本主义殖民道路，并且以强国的姿态出现在欧洲的政治外交中。

　　在19世纪60年代至80年代，意大利成功地蚕食了东非红海沿岸的交通要地厄立特里亚和南索马里；1912年夺取了北非的利比亚和爱琴海罗德诸岛屿。

　　1939年3月15日，德国进入了布拉格后，墨索里尼感觉到自己的扩张宏图受到了挑战，心中极度焦虑和震惊。令他恼火的是，表面上将他尊为"领袖"的希特勒，事前竟未同他打一声招呼，便擅自采取了行动。更令他焦心的是，捷克的沦亡急剧地加大了意大利与德国之间的力量差距。

　　墨索里尼决定亲自致信希特勒，说明某些事件使其受到了损害，要求立即得到补偿。希特勒收到信后，权衡了当时的形势，自然遵从了墨索里尼的意愿。

　　可是，从哪里寻求补偿呢？墨索里尼把目光瞄准了阿尔巴尼亚。

　　阿尔巴尼亚位于东南欧巴尔干半岛西岸，北接塞尔维亚与黑山，东北与马其顿相连，东南邻希腊，西濒亚得里亚海和伊奥尼亚海，隔奥特朗托海峡与意大利相望。

　　早在1938年5月2日，齐亚诺在给墨索里尼的一份书面报告中就已经建议

并吞自己的这个邻邦。

阿尔巴尼亚从15世纪起，就一直被奥斯曼帝国统治。1912年，阿尔巴尼亚宣布独立，1914年所召开的国际会议，确立阿尔巴尼亚王子古尤姆·杜瓦伊为年轻的阿尔巴尼亚国的国王。但是，他执政6个月后，由于第一次世界大战的爆发，不得不放弃王位。交战各国在整个战争期间交替占领阿尔巴尼亚。

在1918年停战后的若干年里，阿尔巴尼亚内部局势动荡，内乱四起。动乱之中，涌现出一位改良政府首脑范·诺利。

但是，阿赫梅特·索古推翻了他的统治。在1925年，索古宣布自己为共和国总统，又在1928年称帝，宣布阿尔巴尼亚为君主国，自称国王，为索古一世。

索古在统治期间，镇压民主运动，与意大利签订一系列不平等条约。

索古为了反对南斯拉夫觊觎阿尔巴尼亚，与意大利签订了同盟条约。当然，他也从意大利那里得到了财政援助。同时，索古还鼓励意大利资本家到阿尔巴尼亚投资，以发展本国薄弱的经济。

对于这样一个邻居，齐亚诺觉得没有理由不将其纳入自己国家的版图。1939年2月7日，齐亚诺和墨索里尼商妥，将侵阿日期定在4月1日至9日之间。在齐亚诺看来，如果意大利控制了阿尔巴尼亚，就会对巴尔干各国产生有利影响，阿尔巴尼亚的资源、农产品以及土地就会为意大利所用。

不仅如此，在阿尔巴尼亚建立一个桥头堡会使亚得里亚海变成"一个大陆的内湖"，从而为解决意大利海军的种种问题提供方便条件。同时，可以将阿尔巴尼亚作为入侵南斯拉夫和希腊的基地，特别是可以沿着古罗马帝国大道的路线进入马其顿。

1939年3月25日，墨索里尼向阿尔巴尼亚发布了最后通牒，限令阿尔巴尼亚政府在4月6日12时之前答复下列要求：

允许意大利军队在阿尔巴尼亚主要港口登陆；允许这些军队

意大利法西斯头子墨索里尼

控制战略要道、飞机场和边境战略据点；在阿尔巴尼亚建立意大利"移民区"，这些移民享有阿尔巴尼亚公民的权利；建立关税同盟；居住在阿尔巴尼亚的意大利公民有权担任最重要的公职；政府各部秘书长应为意大利人；驻地拉那的意大利公使和互派驻罗马的阿尔巴尼亚公使，均应为派遣国的内阁成员。

这些有损阿尔巴尼亚领土完整和主权的条约，遭到阿尔巴尼亚的拒绝。但意大利并不死心，他们对条约细节略做修改并得到墨索里尼同意后，于4月1日再送交阿尔巴尼亚。同时，做好了应对准备。意大利的行动方针是：

如阿方接受条约，齐亚诺将前去地拉那签约，并由强大机队护送，以显示阿尔巴尼亚已是意大利之天下。如阿方拒绝，意大利则鼓动阿境内部族暴动，并命令意军入侵。

阿尔巴尼亚国王索古不愿承担投降的责任，向意大利提出一项反建议，意未予置理。索古惶惶不可终日。此时尽管索古政府对墨索里尼的最后通牒严守秘密，但人民群众很快就掌握了事实真相。

从1939年4月3日至6日，阿尔巴尼亚每天都在爆发大规模的群众性示威。

4月3日，阿尔巴尼亚新王子诞生的同一天，齐亚诺受命从罗马起飞，前往阿尔巴尼亚向国王"祝贺"，并重提对阿尔巴尼亚实施"保护"，但是又遭到拒绝。

1939年4月7日，约40000人的意大利军队在最高司令官格位齐亚尼将军的指挥下，在都拉斯、圣乔瓦尼—迪梅杜阿、谷罗拉和桑蒂—丘阿兰塔等地登陆。阿尔巴尼亚国王索古闻讯，带着他刚出生的王子逃往希腊。

4月8日晨，意军开进地拉那。阿尔巴尼亚的抵抗很快被击破，4月10日几乎全国都被意军占领。

4月14日，罗马宣布将阿尔巴尼亚并入意大利版图。

阿尔巴尼亚落入意大利之后，巴尔干地区的政治和军事形势发生了急剧的变化，使这一地区的国家的独立遭到严重威胁。因为，意大利既可把阿尔巴尼亚作为进攻希腊的基地，又可把它作为迫使南斯拉夫中立化的跳板。

墨索里尼图谋
法国领土

意大利不但对阿尔巴尼亚有吞并之心，而且对西欧强国法国也有威胁之意。这不是因为意大利有多大力量，而是因为英法推行的绥靖政策大大刺激了墨索里尼的胃口。

慕尼黑会议之后，一心要建立地中海和非洲帝国的墨索里尼再也按捺不住自己的侵略野心。

1938年11月14日，意大利外交大臣齐亚诺在给意大利驻英大使的信中，首次公然宣称意大利对法国的殖民地要求是实际政策问题。

11月30日，意大利国会辩论外交政策时，意大利发生了反法示威游行，游行的人群高喊："突尼斯！科西嘉！萨瓦！"意大利报刊也积极响应，大做反法宣传。

12月17日，意大利正式通知法国外交部废止1935年1月7日的法意协定，同时制订了意德武装力量协同作战原则。

1938年11月8日和1939年1月8日，墨索里尼曾两次向齐亚诺谈到意大利对法国领土和法国殖民地的野心问题。

他的目标是：

科西嘉自治，独立，吞并；突尼斯成为意大利少数民族移居地，总督自治，为意大利的保护国；吉布提的港口和铁路自由开放，与法国共管，最后吞并；苏伊士运河则要掌握行政管理上的大部分权力。

1939年3月26日，墨索里尼发表了一篇措辞激烈的演说，再次针对法国提出他对地中海的要求。

3月15日，墨索里尼还十分自负地说，如果同法国发生战争，意大利可以单独作战。意大利总参谋长帕里亚尼则说，要同法国打一场局部的殖民战争。

意大利的这些举措，在法国引起了很大慌乱。

1938年11月，当意大利向法国提出了领土要求后，法国认为这是意大利可能在不远的日子里进攻法国的预兆，担心德国会鼓励意大利以武力来实现它对法国的要求，而且，德国会以意大利盟国的身份来参加这场战争。法国人认为，德国人会同时攻击荷兰、瑞士和突尼斯。

德国吞并捷克斯洛伐克后，很多法国人担心，作为向东推进的准备，德国有可能在意大利的帮助下，以其全部力量一举击溃法国，以巩固其后方。

此外，帮助佛朗哥推翻西班牙合法政府的意大利军队，这时不但没有撤离西班牙，而且在1939年4月有谣传说，驻西班牙意军还在增援。

而只要意大利在西班牙本土，在巴利阿里群岛，以及在意大利的撒丁、西西里和潘特莱里亚岛上保持着据点，法国本土和西北非的一些法国主要交

希特勒（左）和墨索里尼（右）（邮票）

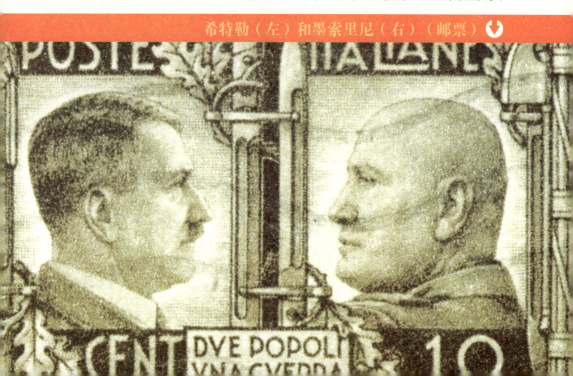

通线就会受到意大利的控制。

此时的法国最担心的局面是：德国从东北方面进攻法国，而意大利则一方面从的里波里塔里亚向突尼斯进攻；另一方面又从西班牙一侧的比利牛斯山向法国本土进攻。

4月7日，意大利入侵阿尔巴尼亚，造成了对希腊的直接威胁。法国对意大利的这一行动也感到非常惊慌。它担心意大利很快就会针对科本岛、埃及、直布罗陀或突尼斯制造一次事变，甚至认为对阿尔巴尼亚的攻击只不过是意德两国从北海到埃及这一总攻势的前奏。

为了防患于未然，早在1938年11月12日，法国总理达拉第就通知陆军上将甘末林说，1939年政府将提供250亿法郎的特殊款项用来准备战争。这样，加上正规的军事预算150亿，总数达到了400亿法郎。

1939年3月20日，法国公布了一系列法令，其中有给予国防定货以优先权，指导工人参加工业等措施，并规定国防工业每周工作60个小时的制度。3月31日，法国议会无限期地延长了1936年3月17日的两年服役期法令，并通过一项法案，授权政府可以随时征召后备役军人。

4月9日晚，法国国防委员会决定，将大部分大西洋舰队调至地中海，进一步向突尼斯和法属索马里派出增援部队，并把空军集中到容易轰炸意大利的地方。

当晚，法国总理达拉第向英国驻法大使菲普斯保证，如果英国帮助希腊抵抗对希腊领土的任何部分的攻击，法国将立即向意大利宣战。

同时，英法两国之间也加强了军事方面的合作。3月22日，英法两国以互换照会的方式，规定了战时相互支援的义务；保证一旦德国进攻荷兰、比利时和瑞士，双方给予军事援助。从而使它们之间那种不成文的同盟关系进一步确定下来，正式形成英法军事同盟。

此后，英法两国总参谋部举行了一系列会谈，双方就一旦欧洲发生战争如何合作达成了一致意见。

双方确定：

两国武装力量将共同对德意作战；在一定战区内的共同作战行动由一方的指挥部统一领导。一旦发生战争，英国应以海空军采取积极行动，并向法国派出远征军；陆上的战役计划由法军总司令部负责拟定，英国远征军归其指挥。

7月21日，英国首相张伯伦致函达拉第，建议成立战时盟国最高军事会议，由两国总理和一名部长组成。随后，英国又建议成立联合作战参谋部。

8月3日，达拉第委托甘末林起草复信，同意建立盟国最高军事会议，但提议让双方军事最高当局的代表加入；不过由于法国担心成立统一指挥机构将使自己服从英国的战略，主张先成立盟国军事研究委员会，而不是联合作战参谋部。

8月17日，英国表示同意法国的意见。但盟国最高军事会议直至9月12日才举行首次会议。

亚欧硝烟

第二次世界大战的爆发

欧洲战争的全面爆发

　　1939年9月1日，德国出动62个师、160万人进攻波兰。9月17日，苏联从东部入侵波兰。28日，苏德签订边界友好条约，共同瓜分波兰。此后德军接连向欧洲西、北和东南大规模进攻，先后攻陷丹麦、挪威，占领荷兰、比利时、卢森堡，迫使法国败降。英法两国在和平无望、幻想破灭的情况下，于9月3日对德国宣战，这标志着第二次世界大战的正式开始。

德国孤注一掷
入侵波兰

1939年3月，纳粹德国占领捷克斯洛伐克后，很快便将侵略矛头对准了波兰。

4月，纳粹德国制订了入侵波兰的"白色方案"。在灭亡捷克斯洛伐克过程中，扮演了不光彩角色的波兰统治者这时也认识到自己所处的危险处境，便极力在外交上修补篱笆，寻找靠山，以求自保。

1939年3月31日，张伯伦对波兰的安全单方面提出保证，4月6日，波兰外长贝克在伦敦同英国签订了一项协定，把英国单方面的担保改变为一项临时的互助条约。双方商定，一旦条件成熟，便签订长期条约。

5月22日至6月5日，英国代表团访问华沙，两国参谋人员会谈开始。后来两国又在伦敦继续会谈。

7月下旬，英国海外武装部队监察长埃德蒙·艾思赛德上将访问华沙，与波兰有关方面讨论军事形势，参观波兰陆军和空军的演习，把两国参谋人员会谈推向高潮。

波兰同法国早在1921年就签订了军事协定。直至1938年秋天，两国参谋人员一直根据协定进行经常性接触。后因波兰在捷克危机中扮演的角色而使两国关系变冷。

在英国宣布给予保证和法国重申对波兰的条约义务之后，波兰采取主动，派陆军部长卡斯普尔祖斯基和参谋长斯塔希耶维奇访问巴黎。

5月16日，双方就波兰代表提出的一项协定草案取得共识。草案规定，如果德国侵略波兰或威胁波兰在但泽的重要利益，从而引起波兰的武装抵抗，

法国武装部队将自动地开始行动。如果德国的主要攻击是针对波兰的，法国将以其武装力量的大部分在法国总动员开始后的第二天对德国进行攻击。

但5月19日，法外交部长博内提出，军事协定应从属于政治议定书。由于政治议定书直至9月4日才签订，故战争开始时，军事议定书对双方都不具约束力。

在凯特尔6月22日签发的一项命令中称，希特勒已大体上批准了初步时间表，并指示征召预备役以秋季演习为幌子。为保密起见，必须停止执行陆军总司令部自7月中旬起陆续腾空边境地区医院的建议。

6月24日，凯特尔指示陆军总司令部拟定完整的夺取维斯瓦河下游各座桥梁的措施。此前，德国已开始向美国各大公司大量采购各种物资。

至8月下旬开始，德国的军事首脑们已开始全力进行在东面消灭波兰、在西南防备英法的准备工作。

8月15日，陆军总司令部已计划好迁移到柏林东面的佐森，海军的袖珍战

德军驱赶居民（模拟场景）

舰斯比伯爵号和德意志号及21艘潜艇已准备好开赴大西洋防区。为充实西线部队，有25万人被征召入伍。同时，对铁路部门发出了动员令。

8月19日，德国海军接到了出发的命令。21艘潜艇开始进入不列颠群岛以北和西北的阵地，斯比伯爵号开赴巴西沿岸海面，德意志号进驻北大西洋可切断英国海上航路的阵地。

8月25日，已驶入但泽港作为期两天访问的"石勒苏益格·荷尔施泰因号"战列舰到30日仍停留在那里，并已停泊到靠近威斯特帕莱脱的一个地方。

8月25日以前，德国外交部已通知驻在波兰、英国和法国的大使馆和领事馆，叫他们要求德国公民尽快离境。

8月27日，德国政府宣布，食品、肥皂、鞋、纺织品和煤从第二天起实行配给。

8月30日，德国设立了一个由戈林任主席，由戈林、凯特尔、赫斯、弗里克、丰克和拉默斯组成的常设的内阁国防委员会。

在进行夏季大演习的幌子下，德军在7月份采取了一系列措施，从而使大量按战时编制补满人员的基干军队，在不宣布动员的情况下调至预定集中地域或战略展开地区。借口参加庆祝坦嫩贝格会战25周年，德国军队开进了东普鲁士。

一些部队诡称进行"掩体作业"，进入波美拉尼亚和西里西亚。装甲师、轻步兵师和摩托化师，则开往德国中部进行"秋季大演习"，以便在入侵波兰之前能在最短时间内进入集中地域。

至8月25日前，预定用来进攻波兰和没有参加这些"大演习"的部队，已得到充分动员，被调到了战略展开地区。8月25日，陆军已做好入侵准备。

面对纳粹德国咄咄逼人的扩张势头，波兰并未采取任何有效的自卫措施。早在1939年3月份，波兰虽然开始制订对付德国入侵的"西方计划"，但在很长一段时间里生怕刺激德国，给德国造成入侵的口实，在战争准备方面一直缩手缩脚。

8月23日，《苏德互不侵犯条约》签订，德波关系更加紧张，这才引起波兰领导人的严重不安。

8月23日傍晚，波兰政府下令实施秘密动员。8月26日，波兰政府决定实行局部动员，并命令动员起来的部队开往集中地域。

在德军开进斯洛伐克后，斯洛伐克电台于8月28日号召居民同德军合作，共同对付波兰。鉴于这一严重局势，加之德军在波兰边境的集结，以及那里发生的多次冲突，波兰政府决定于8月29日下午实行总动员。

但英法两国对此表示异议，认为当英德谈判仍在进行的时候，采取这一极端措施是"不合时宜的"，波兰的这种作法可能会被人视为好战。虑及英法的意见，波兰决定将总动员的时间推迟到31日零时，致使到战争爆发，波兰还未完成总动员。

至1939年8月下旬，德国已成功地破坏了英法苏反侵略同盟的建立，并且与苏联缔结了互不侵犯条约。

尽管如此，希特勒仍不能确定英法是否参战。8月22日，张伯伦以个人名义写信给希特勒，表示德苏条约决不会改变英国履行对波兰义务的决心。在复信中，希特勒又软硬兼施，试图动摇英国履行对波兰义务的决心。

自从希特勒决定入侵波兰以来，他不断蓄意制造事端，使两国关系日趋紧张。散居在波兰境内的德国人与波兰当地居民的关系也随之激化。这样，在几年前的德波关系中未发生任何影响的德意志少数民族问题，现在便成了希特勒等德国领导人大做文章的主要题目。

他们经常无中生有或黑白颠倒，硬说波兰对德国少数民族进行无端挑衅和迫害，致使这些德国人苦不堪言。而且他们对波兰人的这些所谓罪行几乎是处处控诉，逢人便讲。

8月23日，希特勒对英国大使汉德逊说："波兰有数以万计的日耳曼人正在受到迫害。这些罪行已经使他忍无可忍。要是波兰人再继续迫害日耳曼人，就会马上引起'实际行动'。"

8月24日，戈林在接见波兰大使利普斯基时，离间波兰与其西方盟国之间

的关系。

在战前有限的时间里，希特勒仍在争取英法。8月25日，希特勒在总理府接见了英国大使汉德逊。他说，他准备同英帝国缔结协定，愿意保证大英帝国的存在，准备接受一项合理的军备限制，并且愿把德国的西部国界看成是最后疆界。

他强调这是他最后的建议，如果英国政府拒绝他提出的这种"慷慨而又全面的建议"，就会发生战争。他请汉德逊敦促英国政府，"十分认真对待这一建议"，并主张大使亲自乘飞机将建议送往伦敦。德国政府可派飞机供他使用。

在长达3个多月的时间，波兰一直没有对英国政府施加任何压力要它签订两国间的正式的长期协定。

8月初，德波关系已进入危急阶段，波兰人要求签订这样一项协定的愿望日渐急切。8月的第二周，波兰提出了一份协定草案，由波兰驻英国大使拉斯津斯基带往伦敦。虽然双方在一些问题上存在着分歧，但由于爆发战争的危险与日俱增，双方都不想在次要问题上过多纠缠，于是协定在8月25日签字。

协定规定，如果一方受到"一个欧洲大国"的直接侵略，如果发生显然威胁其独立的行动而受威胁的一方"认为使用其武装部队，进行抵抗是极端必要的"，或者如果有企图"用经济渗透或任何其他方式"来破坏其独立的图谋，另一方保证给予支持。

8月25日，墨索里尼来信表示，意大利因缺乏战争准备不能参战，希特勒不得不收回26日晨入侵波兰的命令。

8月29日晨，德国给英国的一份正式照会中表示，德国政府为了维护英德友谊，为了让英国政府满意，准备"接受英国的建议，同波兰进行直接谈判"，要求波兰派一名特使于8月30日去柏林。

显然，这份照会是为英法不履行义务提供借口，而且也给波兰人出了难题——派特使去，就要准备接受希特勒提出的任何苛刻条件，否则，拒绝"和平解决"的罪名就会落在波兰头上；不派特使去，希特勒就更有理由将

上述罪名加在波兰的头上。

为了将战争的罪名强加在波兰人头上，希特勒等人无所不用其极。8月30日在他的导演下，又制造了一个骗局。

这一天，他责成外交部专家起草了一项解决德波问题的"宽宏大量"的建议。希特勒在建议中，要求把但泽归还德国，同意格丁尼亚港为波兰的自由港，波兰走廊的命运在一年后由公民投票解决，公决后无论走廊归谁，另一方都有权保留一条享有治外法权地穿过走廊的公路和铁路。

但希特勒并不想使这项建议成为谈判的基础，而只是想借此将谈判失败及因此而引起战争的罪责加在波兰头上，并且用以欺骗世界舆论。

后来，这项建议根本未正式提交给德波直接谈判的斡旋者英国，更未提交给波兰，只是在8月30日深夜，由里宾特洛甫用德文向汉德逊匆匆读过一遍。这位大使连建议的基本内容都没有弄清楚。

里宾特洛甫却借口波兰代表直至半夜仍未到达，而粗暴地拒绝大使看建议原本的要求。希特勒一伙为了起到宣传效果，让电台于8月31日晚21时向德国人民全文广播了这项建议。

8月31日，德国人还未放弃争取英法的希望。在9月1日负责指挥德国空军对波兰进行大规空袭的戈林，在当天17时邀请英国大使到他的寓所喝茶，大谈波兰的罪状以及希特勒和他自己同英国友好的愿望。

为了使德国人民和世界人民看起来德国对波兰的侵略名正言顺，希特勒一伙不但进行了卑鄙的宣传，而且采取了一系列无耻的"行动"。

早在8月初，国防军统帅部谍报局局长卡纳里斯海军上将就接到了希特勒的手令，要他发给希姆莱和海德里希150套波军制服和若干波军小型武器。后来他才得知，这些东西是用来制造先动手的不是德国而是波兰的假象的道具。被选定执行这项计划的是年轻的党卫队特务，名字叫阿尔弗雷德·瑞约克斯。

8月31日晚20时，这场丑剧正式开演，由穿着波兰陆军制服的党卫队人员开枪射击，假装对格莱维茨的德国电台的进攻，并把事先麻醉过去的集中营

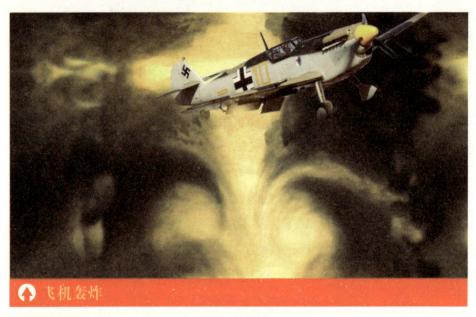

飞机轰炸

囚徒放在电台的门口，充当被波军打伤的电台工作人员。

这些冒牌的波兰人攻下电台后，用波兰语广播了三四分钟的煽动性反德演说，然后开了几枪离去。

晚上22时，希特勒在国会发表演说，"无数的波兰人侵入德国境内，在这些人当中，有许多波兰的正规军攻击了格莱维茨电台。"

于是，希特勒便提出了发动战争的宣传上的理由。

1939年9月1日4时40分，德国陆、海、空三军一齐出动，大举入侵波兰。德国的战略企图是：

集中兵力于首次突击，将主力使用于南北两翼，迅速突破和分割波军防线，在维斯瓦河以西围歼波军重兵集团，力求尽快结束对波战争，尔后将主力西调对付英法。

战争一开始，纳粹德国的空军便对波兰的城市、机场、铁路、桥梁、电站、交通和通讯枢纽、部队和军火库进行狂轰滥炸，使弱小的波兰空军遭到

重创，给波兰造成重大人员和物质损失。

在但泽地区，战斗主要集中在韦斯特普拉特。由于进攻准备不充分，尽管有教练舰上重炮的火力支援，德一支海军突击队的进攻仍遭到失败。对迪尔施附近几座大桥的袭击也未成功，桥梁均为波兰人炸毁。因此，在较长时间里，东普鲁士中断了与德国其他地区的联系。

9月2日，希特勒要求对韦斯特普拉特再次实施攻击，攻击日期确定为9月4日，但后来又多次推迟。为保险起见，德国人进行了周密准备。

他们曾对韦斯特普拉特多次炮击，并动用60架俯冲轰炸机进行轰炸。他们还向但泽调来一个工兵连，加强步兵的力量。在德军不断猛烈空袭和炮击的情况下，波兰守军由于弹药补充不足于9月7日投降。

至此，"波兰走廊"战役结束。

战争的第一天，德第四集团军的左翼部队在科尼茨东北强渡布拉厄河。该集团军的右翼部队沿奈策河前进，9月2日晚，进抵纳克尔西北10000米处。集团军中路部队突破了克罗内两侧布拉尼河上的坚固设防阵地，越过勃洛姆堡—迪尔绍铁路，在库尔姆附近进抵维斯瓦河。

9月3日，德第四集团军在图霍尔荒原北边建立了波美拉尼亚和东普鲁士之间的陆上联系。在库尔姆附近渡过维斯瓦河的行动，也未遇波军多大抵抗。该集团军中路继续向东推进至德雷文察河。

在图霍尔荒原被合围的波兰部队试图向南突围，但其战斗力很快便被大大削弱。

9月5日，这股波军被德军歼灭。德第三军的右翼部队未经重大战斗，便进抵布罗姆贝格，后掉头向南直逼霍恩萨尔察。

德第三集团军的右翼部队担负着支援第四集团军进攻的任务。该部越过普鲁士边界后不久便遭到波军的有力抵抗，至9月4日才攻占格劳登茨。后继续南进与从波美拉尼亚向前推进的德第四集团军会师。

第四集团军向维斯瓦河推进时，只想保证自己的侧翼不受驻守在"波兰走廊"北部、负责守卫格丁尼亚港的波军的攻击，对该部波军未采取任何军

事行动。

9月6日，由考皮施将军指挥的由德国边防军组成的"北方兵团"，才开始对该部波军实施包围。

"波兰走廊"战役结束后，原属第四集团军的由装甲和摩托化步兵师组成的十九军，立即奉命向第三集团军左翼开进。第二十一军在格劳登茨东南与第四集团军会师后也被抽调出来，同其他主要由北方集团军群的预备队和第四集团军组成的部队一起被调往约翰内斯堡—吕克地域。

此外，位于勒岑附近的所有非必需部队也被用来加强第三集团军的左翼，以保证在这里形成的主攻方向。

在奈登堡—维伦贝格地域集结的德第三集团军主力，开始进展顺利，后来遇上波兰北方集团军的强大重兵集团。波军依托姆瓦瓦和普扎斯内什北面的筑垒阵地进行有力防御，并组织反突击。但是至9月6日，德第三集团军主力依然得以进抵纳雷夫河并在鲁然附近渡过该河。

德南方集团军群的主要突击也取得很大进展。战争刚刚打了两天，第八集团军就进抵普罗斯纳河。第十集团军进抵瓦尔塔河东面，并占领了琴斯托霍夫。该集团军的坦克部队向拉多姆斯克方向推进。

第十四集团军在维斯瓦河上游渡河，并艰难地向西贝斯基德山区推进直至诺伊马克特盆地。

在德第八和第十集团军的打击下，波军已部分陷入混乱，仓皇后退。由边防部队组成的德"吉南特兵团"受命去占领德国的前波森省，而第八集团军顺利向罗兹方向推进。

9月6日晚，第十集团军右翼的快速部队进抵维萨山北麓的凯尔采和孔斯凯之间。再往北，第十六军的坦克部队在皮沃特勒库夫附近实现突破和粉碎波军的反击后，向托马舒夫方向追击。

9月6日，德第十四军几乎未经战斗便占领了克拉科夫。西南方的第二十二军在到达平原以后，对波希米亚和塔尔诺夫的突击进行得很顺利。最南部的德第十八军主要由山地师组成，其任务是继续在贝斯基德山区粉碎波

军的猛烈抵抗。同日，该军在诺伊桑德茨附近渡过杜纳耶茨河，进抵戈尔利采西部地区。

南方集团军群依然希望通过其快速部队的快速行动迫使波军在维斯瓦河和桑河以西进行决战。但为谨慎起见，命令第十集团军的右翼部队在登布林和普瓦维附近渡过维斯瓦河和加强第十四集团军的右翼，并让其依然按原定计划实施迂回包围。

在波兰方面，"克拉科夫"和"罗兹"两个集团军遭到重创，并开始向东撤退。"波莫瑞"集团军的情况跟他们差不多。"莫德林"集团军受到德军第四和第三集团军两翼包抄的威胁，但是撤退就会过早地让开通往华沙的道路。

"波兹南"集团军的处境略好，但未及时后撤以便与其他友邻部队建立共同防线。这时，波军再无可供使用的预备队。因为"纳雷夫"作战集团由于担负着防备德第三集团军的任务而受到牵制，"普鲁士"集团军还在集中阶段就遭到德国飞机和坦克的袭击而动弹不得。

这时，波兰元首雷兹·斯米格雷元帅认为，波兰已输掉了这场战争。

9月6日，波兰政府由华沙迁往卢布林；9日，迁至克列梅涅茨；13日，再迁至紧靠罗马尼亚的边界城市扎列希基。

至9月7日，德军虽取得了重大进展，但在华沙以西合围、彻底消灭波军的企图并未得逞。德军调整部署后，于9月9日开始了以后的战役。实施这些战役，使仍然在维斯瓦河以西坚守的波军几乎全部遭到围歼。

然后，第十四和第三集团军从南北两面实施深远突击，以求合围维斯瓦河以东或退守该地域的所有波军兵团。

刚刚形成的德第三集团军左翼部队，在纳雷夫河附近的沃姆惹两侧突破了波军的防御，9月11日进抵比亚韦斯托克—华沙铁路线。其快速部队向布列斯特—立托夫斯克推进，该集团军的中路和右翼部队在布格河南岸建立了桥头堡。

9月15日，古德里安的第十九军攻占布列斯特—立托夫斯克，两天后又攻

陷符沃达瓦。第二十一军从沃姆惹向南推进，并于9月12日和13日两天在马佐夫舍地区奥斯特鲁夫附近包围并歼灭了战斗力较强的波军部队，尔后东攻别尔斯克—比亚韦斯托克一线。

9月15日，德军攻陷比亚韦斯托克。

布格河以西的该集团军右翼部队攻陷文格鲁夫，逼近谢德尔采。9月16日，该部停止向东南方向进攻，掉头西攻明斯克—马佐夫舍—卡尔切夫一线。第一军也掉头进逼华沙的北部和东部战线。至此，德军已封闭了对莫德林和华沙的包围圈。但德军尚未粉碎波兰人的抵抗意志，他们拒不交出华沙。

在这几天里，德第四集团军在维斯瓦河两岸向南推进。在该河北岸向前推进的第二军未遇强敌，比较顺利地经普沃茨克向莫德林进逼。而在该河南岸的第三军则遇到了当面波军的有力抵抗。该军无法跟上第八集团军左翼的步伐。

第八集团军左翼部队除为第十集团军提供翼侧保护之外，现在又奉命超越追击"波兹南"集团军。由此出现的缺口便是后来进行布祖拉战役的主要原因。

9月11日，波森为德军占领。

9月7日以后，考皮施兵团不断向格丁尼亚进逼。经过激烈战斗，德军于9月13日闯入该城，但波兰人的抵抗至9月19日才被粉碎。

战争进行到第二周，南方集团军群的第十集团军的所属装甲部队便进抵华沙近郊。9月10日，第四装甲师的部分部队冲入波兰首都，但在波兰军民的抵抗下，又撤到该市西郊。

在古拉卡尔瓦里亚附近的德军装甲部队，在维斯瓦河东岸建立了桥头堡。德第十集团军的右翼部队继续向东南进攻，占领奥帕图夫和桑多梅日，尔后掉头沿维斯瓦河向北进攻。在拉多姆东面，该部挡住了波军6个师的部分部队渡河的去路。

这样，德军便实现了对战斗在维萨山区和拉多姆附近的波兰部队的合

围。经德国空军毁灭性突击，波军该部于9月11日停止了战斗，6万人成了德国的俘虏。当德军其他部队还在进行拉多姆合围战或参加布祖拉战役时，第十集团军右翼的部队渡过维斯瓦河继续向东进攻。

9月9日，德第八集团军未经战斗便占领了罗兹市，尔后向华沙西南部的波军集团进逼。德第十六军挡住了该波军集团向东的去路。波军顽强抵抗，并在局部范围内实施反突击，使德军遭到重大伤亡。

当时，布祖拉河南面的德军受到了来自西北方向的威胁：正在试图向南撤退的"波兹南"集团军试图从库特诺地区突围。从波兰北部地区撤退到莫德林—华沙—布祖拉地域的其他集团军的部队与其会合。

他们不但威胁着德第八集团军的侧翼，而且也威胁着它的背后，致使该集团军为阻止波军的前进不得不将其两个军掉转方向，以建立向北的防御正面，甚至有部分部队要掉头向后，以对付背后的波军。但德军在这一地区的暂时的危急局势，并未对波兰中部战局产生决定性影响。

虽然陷入包围的波军拼死抵抗，并继续试图向南突围，但形势越来越危急。德第十三军和第十军在格沃夫诺—文奇察地域，德第十六军和十一军由华沙和姆什乔夫地区向渡过布祖拉河的波军东翼逼近。

第十五军于9月16日赶来加强。德第四集团军也从西南和北面向集结在库特诺地域的波兰殿后部队推进。在弗沃茨瓦韦克南面挖壕据守的波兰部队对德第三军进行了艰苦抵抗，使该军一度受阻。

德第二军于9月11日进抵莫德林，在这里的要塞西面和北面留下部分部队，主力部队继续向布格河边的登贝推进。9月15日，该部侵入那里的波军桥头堡阵地，渡过布格河，进抵亚布翁纳。

9月16日，在布祖拉河附近，所有参加包围的德国部队开始集中突击。

德第三军从西面和北面向东推进。在维绍格鲁德附近，该军以部分兵力封锁了维斯瓦河的通道。在该军的右侧，德第十三军和第十军于9月17日向北越过沃维奇—库特诺公路并占领库特诺。

德第十集团军所属3个军的情况是：第十五军于9月17日越过了华沙—索

哈切夫公路，并于19日对在莫德林南面顽强抵抗的波军发起进攻。

第十六军于9月19日向南渡过布祖拉河，在该河两岸向维绍格鲁德方向转入进攻，并于同日进抵维斯瓦河。第十一军于9月17日在索哈切夫和沃维奇之间渡过布祖拉河并向西北方向推进。

9月13日，所有德国空军作战部队对罗兹东北部地区进行空袭，并攻击波军密集行进纵队。

9月16日，德国空军对沃维奇和索哈切夫北面的大规模的波兰纵队实施空

战场上的士兵

袭。这一天，德军动用了820架飞机，投下了328吨炸弹。德国空军的空袭有力地支持了德军的作战，严重影响了波军的士气。

9月19日，完全丧失抵抗力的波军宣布投降，19个师和3个骑兵旅的12万人做了俘虏。波兰在维斯瓦河以西的最后一个有战斗力的"波兹南"集团军被消灭了。

在南方，德第十四集团军竭力切断波军渡过桑河的退路。在该军的右翼，山地部队于9月11日渡过桑河进抵普热梅希尔。9月12日，德军一个不大

的先遣部队进抵雷姆贝格城下，9月16日，攻击该城的行动受挫，侵入该城的德国部队无法立足，不得不重新撤出。

集团军左翼部队试图挡住后退波军渡过桑河下游的去路，集团军中路的第二十二摩托化军则向东北方向推进，渡过桑河，其主力部队于9月15日进抵卢布林地区的托马舒夫，其先头部队进抵弗沃济梅日和赫鲁别舒夫，并在布格河上建立了桥头堡。

侦察兵与第三集团军的第十九军取得了联系。9月16日，第二十二军又掉头向西南拉瓦–鲁斯卡亚–雷姆贝格一线推进。

波军指挥部企图在波兰东部地区组织防御。为此，决定建立北方方面军、中央方面军和南方方面军。波军的企图被德军察觉。德国空军除对波兰的行军纵队不断空袭外，还对波兰的铁路进行狂轰滥炸，破坏了波兰的交通，打乱了波军的计划，从而使波军的企图根本无法实现。

至9月16日止，波军已大部被歼，波兰西部和中部完全为德军占领，德军推进到维斯瓦河以东地区。德军已达到了作战的主要目标。

9月17日，波兰政府越过边界逃往罗马尼亚。同日，苏联红军进入波兰。

当苏联红军于9月17日进入波兰境内时，德军已进至8月23日条约规定的德苏利益分界线以东200千米处。

为避免同苏军发生冲突，9月17日至21日，德国国防军统帅部和陆军总司令部连续发布命令，以确定德苏两军分界线和德军撤出日期。最后确定德苏两军占领地区以维斯瓦河、纳雷夫河和桑河为界，完全与《苏德互不侵犯条约》的秘密附加议定书所一致。

此外，根据希特勒9月20日的命令，德军必须停止分界线以东的一切作战行动，向西部撤退的行动必须立即开始。

9月22日，德第四集团军开始向西和西北方向撤退。

德第三集团军在古拉卡尔瓦里亚附近与十集团军会师，封闭了对莫德林—华沙的包围圈。波军9月19日，从莫德林和20日从普拉加突围的企图被挫败。

德第十集团军右翼的第四军，在这期间经卢布林向海乌姆，尔后向赫鲁别舒夫推进。该军在维普日河东岸建立了两个桥头堡，并同第十四集团军的先头部队在科茨克和扎莫希奇会合。9月19日，该部停止前进。

在第十四集团军的作战地域的托马舒夫—扎莫希奇地区仍有激烈战斗。经过3天交战，波兰4个步兵师、1个摩托化旅和1个骑兵旅投降。在雷姆贝格北面的茹乌夫和卡米翁卡之间的森林里一个较大的波军集团被合围，并于9月19日被迫放下武器。

德第十八军和第十七军的部队，从南、西、北三面包围了雷姆贝格，但波军仍顽强抵抗。19日，波军拒绝交出该城，并试图突围，未果。

9月20日，德第十七军的部队推进到布格河上游。

在布祖拉战役结束后，德第八集团军便准备进攻华沙。出于政治原因，希特勒也希望早日攻占华沙。但由于波兰首都军民的英勇抗击，德军一时难以如愿。

9月20日下午，德国空军出动了620架飞机，目的是切断莫德林和华沙的要塞之间的联系。次日，戈林命令第一和第四航空队倾其所有兵力对华沙的广大地区进行集中轰炸。

9月22日，德第八集团军实现了对维斯瓦河的突破，并对莫德林和华沙的波军实现了完全分割。集团军司令布拉斯科维茨决定，利用维斯瓦河西岸的第十三军和第十一军突击波兰首都。第十五军和第十军在莫德林南面切断了波军的退路。

9月25日，德军开始对波兰首都华沙进攻，空军出动了约1200架飞机，而且还动用了不适合于担当空袭任务的运输机。9月26日，空军出动450架飞机空袭莫德林。

德国陆军的进攻也取得了进展。第十三军在9月25日摧毁了波军在华沙第一道防线，次日又摧毁了第二道防线，第十一军占领了第一道防线。

与此同时，为粉碎波军对德军侧翼的攻击，经希特勒批准，第一军在维斯瓦河以东向普拉加的南郊推进。

9月26日晚，华沙守军指挥官罗梅尔将军要求停战一天，并进行交出该城的谈判，遭到拒绝。

9月26日至27日夜，德军猛烈炮击，步兵继续在全线实施攻击。

9月28日，在水电遭到破坏、食品、药品断绝，完全丧失抵抗力的情况下，华沙无条件投降，守城波军12万人被俘。

9月27日，德国对华沙的攻击已不再需要空军的支援。同日，空军作战部队奉命攻击莫德林。两天后，莫德林停止抵抗，30000名波兰士兵被俘。作为波兰的最后一个抵抗中心，海尔半岛也于10月1日陷落。

在德军从德苏占领区分界线以东西撤的过程中，发生了与波兰军队的战斗，甚至是激烈的战斗，但这已无碍大局。

10月6日，在登布林以东的科茨克附近的波军也缴械投降。在一个多月的时间里，波军全军覆没，德波战争结束，波兰成了纳粹德国"闪击战"战略的第一个牺牲品。

英法迫不得已
对德宣战

1939年3月31日，英国曾许诺保证波兰的安全，又于同年8月25日与波兰签订了《互助协定》。根据英国的保证和英波《互助协定》，在波兰遭到德国进攻时，英国政府有义务立即给波兰政府以全力支持。

早在《洛迦诺公约》中，法国就曾许诺保证波兰领土的完整。1939年4月13日，法国政府又紧随英国对波兰问题发表原则声明，表示保证波兰的独立。

同年5月19日，法国陆军总司令甘末林与波兰陆军部长卡斯普里茨基又签订了关于在波兰遭受德国进攻的情况下，法国实行军事行动的议定书。

议定书规定，一旦波兰遭到德军进攻，法国空军应立即行动，保证派出60架飞机轰炸德国目标；陆军在宣布动员3天后开始行动，毫不迟延地对德军发起有限攻击；从总动员第15天起，法军投入主力部队对德军发动攻势。法国还说，一旦发生军事行动就突破齐格菲防线。

然而，英法两国多年来一直口是心非，对波兰也不想认真履行自己的义务，而只是想让波兰在这场他们与纳粹德国的对抗中充当其马前卒，挡一挡德国侵略军的锋锐，使自己起码暂时不受太大的损失。

德国大举入侵波兰7个小时后，英法不想如何解救波兰，而是仍然打算同德国做交易。法国外长乔治·博内这时打电话给法国驻罗马大使弗朗索瓦·庞赛，要他转告齐亚诺，法国政府欢迎墨索里尼在前一天向英法政府提出的如下建议：邀请希特勒于9月5日来举行一次会谈，以便"审查已经成为当前纷争根源的《凡尔赛和约》的一些条款"。

英国也同意会谈，只是坚持德国军队必须立即撤出波兰。

9月1日晚上21时，英国政府才将一份正式照会递交给德国外交部长里宾特洛甫，要求德国政府停止对波兰的一切侵略行动，并立即从波兰领土上撤出其军队，否则，英王陛下政府将毫不犹豫地履行自己对波兰所承担的义务。同日晚上22时，法国也向德国递交了一份措辞完全相同的照会。

此后，为了寻求与德国谈判，两国外长和英国驻德大使又连连表示，此照会并非最后通牒，而只是一种警告。他们之所以如此，无非是想逃脱自己对正在受到纳粹德国野蛮侵略的波兰所承担的义务。

在政府面临垮台的巨大压力下，英国政府于9月3日上午9时才向德国发出最后通牒，表示如果德国政府在上午11时以前不能做出令人满意的答复，两国即从该时起处于战争状态。

在英国连拖带拉的情况下，至9月3日中午，法国政府才十分不情愿地向德国发出最后通牒，最后通牒的期限是当天下午17时。

英国首都伦敦

　　德国拒绝接受英法的最后通牒，于是已成骑虎之势的英法两国分别于9月3日上午11时和下午17时向德国宣战。同日，印度、澳大利亚和新西兰也向德国宣战。

　　英法对德宣战使战争突破了亚欧两大洲的界限。至此，第二次世界大战已出现了东西两个战场，并且战争进一步蔓延之势已不可遏止。

　　虽然英法两国已向德国宣战，但他们并不想真的与德国刀枪相向。

　　当时，英国和法国分别拥有作战飞机1760架和1407架。但不管是英国，还是法国，都未对波兰履行空中支援的义务。法国甚至从一开始就坚决要求英国空军不要轰炸德国境内的目标，生怕引起德国的报复，使法国未设防的工业企业遭到轰炸。

　　殊不知在德波战争期间，德国人最担心的就是英法两国的空军对德国的工业中心鲁尔进行轰炸。

　　为了在东线集中优势兵力，尽快结束对波战争，德国在西线只配置了32个师，但就其训练和技术装备而言，只有11个基干步兵师是够格的。

　　而且当时纳粹德国的宣传机器所大肆吹嘘的齐格菲防线，实际上尚未完全竣工，既不是不可逾越的障碍，也不能弥补德军兵力的不足。而当时法国已经动员了110个师。

　　因此，就德法边界上的兵力和兵器而言，法国对德国占有很大优势。法国本可以利用战争初期的这种有利态势，采取断然措施，在西线对德国实施大胆突击，即使不能根本扭转战局，起码可对德军起到巨大的牵制作用，从而大大减轻德国对波兰的压力，阻止德国速战速决目的的实现。

　　尽管法军总司令甘末林在9月3日就通知波兰，他将于9月4日在陆上开始战斗行动，但直至9月7日，法军一直拥兵自重，不肯向德军发一枪一炮。

　　只是到9月8日，法军才发动所谓萨尔攻势。法军从萨盖明出发，略有推进。9日，同齐格菲防线前沿掩体有了接触，但法军并没有对该防线发动进攻。

　　10月16日，德军首次出击，法军又撤回原出发地。萨尔攻势是法国人的

一种象征性姿态，目的不在于打击德国，支援波兰，而只是想以此稍稍平息波兰人的怒气，并对国内外舆论做出一个他们认为可以说得过去的交代。

英国直至10月11日才派了4个师到法国去。这时，波兰战局早已结束。

在英法消极避战的同时，德国也不愿过早同英法交战。在侵波战争期间，它力求稳住西线，以避免两线作战。侵占波兰后，它又企图以"和平"烟幕掩护新的战争准备。

因此，希特勒继1939年9月19日在但泽宣称他没有同英法打仗的意图后，又于10月6日在德国国会向英法提出"和平"建议。

由于在英法对德宣战后，双方在8个多月的时间里都无意正面交锋，从1939年9月3日至1940年5月9日，西线出现了宣而不战和不战不和的不正常局面，英法对德国的这场"战争"被人们称为"奇怪的战争"。

苏德两国联手
瓜分波兰

德波战争刚刚爆发，纳粹德国领导人就催促苏联尽早出兵波兰。

在他们看来，苏联出兵将会壮大德国的声威，使得英法两国更不敢轻举妄动，从而使德国可以更加从容地消灭波兰；他们甚至希望苏联的出兵会使英法两国也向苏联宣战。果真如此，德苏关系可能会更深一层，纳粹德国的处境也将会大大改善。苏联准备出兵，但要选择"适当的时机"。

1939年9月5日，莫洛托夫在书面答复德国要求苏联从东方进攻波兰时说，"这一时机尚未到来"。9月8日，德军已进抵华沙城下。9月17日晚波兰政府离开本国领土。9月17日，苏联政府认为，波兰国家和政府已不复存在，苏联已不再受《苏波互不侵犯条约》的束缚；并认为，自己有责任保护波兰境内乌克兰和白俄罗斯族同胞。凌晨5时40分，由科瓦廖夫率领的白俄罗斯方面军和由铁木辛哥率领的乌克兰方面军以7个集团军约40个师的兵力，越过长达1000多千米的苏波边界进入波兰境内，其快速兵团在8个航空兵群支援下，迅速突破波兰边境防御，当晚占领波列西耶地区。

波兰为全力抵抗西部德军的入侵，在波苏边境只有25个边防营。这时已呈崩溃之势的波军根本无力承受苏联在自己背后的一击。

18日，已逃往罗马尼亚的波军总司令命令部队全部撤往罗马尼亚和匈牙利，对苏联不作抵抗，除非他们进攻我们或企图解除己军的武装。但一些部队未接到这一命令，仍继续抵抗。在格罗德诺和科布林等地双方展开了激战。18日，苏军先头部队与德军会合。两军商定，西进苏军与西撤德军之间须保持25000米的距离。22日，苏军从西撤德军的手中接管了布列斯特要塞，

迫使利沃夫守军投降，并占领比亚韦斯托克。25日，苏军进至布格河、桑河一线。

波兰被征服了。全部领土为德国和苏联占领。于是，如何处理波兰问题又摆在了德苏两国领导人的面前。德国人主张，大部分波兰领土由德苏瓜分，但还应保留一个完全由波兰人组成的人口为1200万至1500万的残存的波兰国家。在德国人看来，以拿破仑的华沙大公国为蓝本保留下来的这样一个国家，一来有可能提供同英法两国谈判的基础，为自己今后的行动留下更多回旋的余地；二来有利于自己对波兰人的控制，因为波兰人今后要想收复被苏联占领的土地，就不能不依靠德国人的帮助，委身于德国。苏联人开始表示赞同，但很快便意识到这样做对自己有弊无利，于是改变主意，放弃原先允许一个残存的波兰存在的意图，主张以皮萨河、纳雷夫河、维斯瓦河、桑河为界分割波兰。

德国人当然是求之不得的。9月23日，里宾特洛甫要德国驻莫斯科大使舒伦堡通知莫洛托夫，同意苏联方面的主张。并表示，为与苏联人讨论有关细

◐ **战斗中的士兵**

节，并确定"波兰地区的最后结构"，他愿意再次去莫斯科。

9月28日下午18时，里宾特洛甫飞抵莫斯科，并连夜与苏联人进行会谈。

会谈中，苏方提出两个方案，第一个方案是前面所说的以四河为界划定双方势力范围；第二个方案是把原定划归德国的立陶宛让予苏联，作为交换，原定属于苏联的卢布林省和华沙省东部地区划归德国。苏联建议这样做的理由是，把波兰人分开在两个国家是不合理的。

正在西线与英法严重对峙的德国是看得清苏联在其战略棋盘上的位置的，它不能为眼前的一点点蝇头小利而与苏联闹翻，从而使其费尽心血创造的可以避免两线作战的大好局面毁于一旦。所以，尽管仗是德国打赢的，但它不敢不恪守它在8月间与苏联达成的划分势力范围的协议，甚至对苏联提出的新要求也不想说个"不"字。

9月29日清晨5时，莫洛托夫和里宾特洛甫根据苏联提出的第二个方案的精神正式签订了《苏德边界和友好条约》。

条约规定：在"前波兰国家崩溃之后"，双方承认各自的势力范围，其界线大致以桑河、布格河和纳雷夫河一线划定。苏联除收回1921年以前属于苏联的领土之外，还取得了对波罗的海三国的控制权；德国除得到了东普鲁士、波兹南省和西里西亚这些1918年以前原属德国的领土外，还占领了其他波兰领土。至此，波兰第四次被德苏两国瓜分。

图书在版编目（CIP）数据

亚欧硝烟：第二次世界大战的爆发 / 胡元斌主编
. ——北京：台海出版社，2013.8（2021.5重印）
（第二次世界大战纵横录）
ISBN 978-7-5168-0236-6

Ⅰ.①亚⋯ Ⅱ.①胡⋯ Ⅲ.①第二次世界大战—史料
Ⅳ.①K152

中国版本图书馆CIP数据核字(2013)第188594号

亚欧硝烟：第二次世界大战的爆发　　　　第二次世界大战纵横录

主　编：胡元斌　严　锴	
责任编辑：孙铁楠	装帧设计：大华文苑
版式设计：大华文苑	责任印制：严欣欣　吴海兵

出版发行：台海出版社
地　址：北京市东城区景山东街20号　　　邮政编码：100009
电　话：010－64041652（发行，邮购）
传　真：010－84045799（总编室）
网　址：www.taimeng.org.cn/thcbs/default.htm
E-mail：thcbs@126.com

经　销：全国各地新华书店
印　刷：北京九天鸿程印刷有限责任公司
本书如有破损、缺页、装订错误，请与本社联系调换

开　本：710×1000　　　1/16	
字　数：210千字	印　张：13
版　次：2014年1月第1版	印　次：2021年5月第4次印刷
书　号：ISBN 978-7-5168-0236-6	

定　价：48.00元